珍藏本
纪念版

汉译世界学术名著丛书

两次世界大战之间的国际关系 1919-1939

〔英〕E. H. 卡尔 著

徐蓝 译

2017年·北京

E. H. Carr

INTERNATIONAL RELATIONS
BETWEEN THE TWO WORLD WARS
1919—1939

Published By
The Macmillan Press Ltd
本书根据英国麦克米兰出版社 1984 年重印版译出

汉译世界学术名著丛书
（120 年纪念版·珍藏本）
出 版 说 明

2017 年 2 月 11 日，商务印书馆迎来 120 岁的生日。120 年前，商务印书馆前贤怀揣文化救国的理想，抱持“昌明教育，开启民智”的使命，立足本土，放眼寰宇，以出版为津梁，沟通中西，为中国、为世界提供最富智慧的思想文化成果。无论世事白云苍狗，潮流左右激荡，甚至战火硝烟弥漫，始终践行学术报国之志，无改初心。

迻译世界各国学术名著，即其一端。早在 20 世纪初年便出版《原富》《天演论》等影响至今的代表性著作，1950 年代后更致力于外国哲学和社会科学经典的译介，及至 1980 年代，辑为“汉译世界学术名著丛书”，汇涓为流，蔚为大观。丛书自 1981 年开始出版，历时三十余年，迄今已推出七百种，是我国现代出版史上规模最大、最为重要的学术翻译工程。

丛书所选之书，立场观点不囿于一派，学科领域不限于一门，皆为文明开启以来，各时代、各国家、各民族的思想与文化精粹，代表着人类已经到达过的精神境界。丛书系统译介世界学术经典，引领时代思想，为本土原创学术的发展提供丰富的文化滋养，为推动中国现代学术和现代化进程做出了突出的贡献。

为纪念商务印书馆成立120周年，我们整体推出“汉译世界学术名著丛书”120年纪念版的珍藏本，寄望既利于文化积累，又便于研读查考，同时向长期支持丛书出版的译者、编者和读者致以敬意。

两甲子后的今天，商务印书馆又站在了一个新的历史时间节点上。我们不仅要铭记先辈的身影和足迹，更须让我们的步伐充满新的时代精神。这是商务人代代相传的事业，更是与国家和民族的命运始终紧密相连的事业。我们责无旁贷，必须做好我们这代人的传承与创造，让我们的努力和成果不仅凝聚成民族文化的记忆，还能成为后来人可以接续的事业。唯此，才能不负前贤，无愧来者。

商务印书馆编辑部

2017年10月

目　　录

第二部分 和解时期:国际联盟(1924—1930)

第三部分 危机时期:回到强权政治(1930—1933)

第四部分　德国的重新崛起:条约体系的终结(1933—1939)

附 录

地图目录

绪论　和平安排

第一次世界大战持续了四年零三个多月——从 1914 年 7 月 3
28 日奥匈帝国向塞尔维亚宣战，到 1918 年 11 月 11 日协约国接受了德国的要求而签订停战协定。停战之后，协约国需要五年多的时间去完成全面的和平安排。1919 年协约国和参战各国同德国签订了凡尔赛条约(6 月 28 日)，同奥地利签订了圣日耳曼条约(9 月 10 日)，同保加利亚签订了纳伊条约(11 月 27 日)，1920 年同匈牙利签订了特里亚农条约(6 月 2 日)。但是直到 1923 年 7 月 23 日，才在洛桑与土耳其签订了最后的和平条约；随着该条约于 1924 年 8 月 6 日生效，和平最终得以在全世界正式重建。与此同时，1921—1922 年冬天，与太平洋有利害关系的各国在华盛顿召开会议并缔结了一系列条约，旨在将维持远东的现状建立在坚固的基础之上。或许可以说，所有这些条约，以及由它们派生出来的许多较小的条约和协定，构成了战后的和平安排。在第一次和第二次世界大战之间的年代里，几乎每一件国际性的重大的政治事件，都是这些安排的直接或间接的产物；因此，我们的研究就有 4
必要从简洁概述这一和平安排的最重要的内容开始。

对欧洲的安排

具有某些特殊性质的凡尔赛条约，决定了其后的大部分历史。

首先，借用一句由于德国的宣传而家喻户晓的话来说，那就是凡尔赛条约是一个“强制的和平”。它是由胜利者强加给被征服者的，而不是在他们之间经过平等的谈判而达成的。从某种意义上说，几乎每一个使战争得以结束的条约都是一个强制的和平；因为战败国很难自愿接受其战败的结果。但是凡尔赛条约中的强制成分，比任何近代以来的和平条约中的强制成分都更为明显。在凡尔赛的德国代表团被允许就战胜国交给他们的条约草案提出一组书面意见。这些意见中的某些部分得到了考虑；然后战胜国就把修改了的条约正文交给德国代表团，并威胁说，如果在五天之内不能签订条约，战争将重新开始。除了在两个正式场合，即递交条约草案和签订条约的场合之外，没有一个德国代表团的成员与协约国的代表面对面地进行过谈判。即使在上述两个场合，也没有遵守正常的社交礼节。在签字仪式上，两位德国的签字者未被允许与协约国的代表一起坐在桌旁，相反，战胜国以对待战犯的方式将
5 他们押送到被告席，再将他们押解出去。这些不必要的羞辱只能用这场战争遗留的强烈的痛苦之感仍未消失来解释，然而无论是在德国还是在其他地区都产生了深远的心理影响。这些羞辱在德国人的意识中强化了“强制的和平”的观念，并有助于建立这种信念，这种信念在德国已经相当广泛，在其他国家的主流媒体中也已被心照不宣地加以接受，即在这种形势下从德国勒索而来的这个

签字画押，在道义上对德国没有约束力。

其次，凡尔赛条约与以往的任何和平条约都不相同，它声称建立在战争过程中宣布的大量普遍原则的基础之上，这些原则中最有名的就是威尔逊总统的“十四点”，它在停战协定签署之前便为德国所正式接受并作为和平安排的基础。多亏了威尔逊坚持这些原则，该条约才得以建立在真正的理想主义的基础之上。它规定建立国际联盟，其主要宗旨是确保维持和平；它建立国际劳工组织以规定劳工的状况；还建立了对德国放弃的殖民地的政府委任统治制度。1919 年以后，这些机构和制度便成为新的国际秩序的正常的和基本的组成部分了。然而，条约的制定者们企图把理想主义和战胜国的苛求混杂在一起所带来的其他后果则是不太妙的。对于批评家们来说，把该条约的某些部分和“十四点”的正文加以比较从而怀疑它们，这并不困难。或许人们容易提出这样的问题： 6
是否德国割让给波兰的那些领土仅仅包括“由无可争辩的波兰人口居住的”地区，是否对德国所有海外领土的剥夺是“对所有殖民地要求的一种自由的、不存偏见的和绝对公平的调整”；而且由于协约国曾经宣布以民族自决作为解决领土问题的指导原则，那么，禁止德—奥合并就是站不住脚的。上述这些在原则和实际运作之间的矛盾与其他差异很容易给一些人以口实，他们想要论证凡尔赛条约是一个被玷污了的文件，而且想要论证协约国已经破坏了停战协定的签订所依据的那些条件。

凡尔赛条约强加给德国的奴役性状况，最终几乎毫无例外地被协定、或随着时间的流逝、或由于德国方面的毁约而得以废除。它们当中的最重要的部分（惩罚，赔偿，非军事区，裁军）将在以后

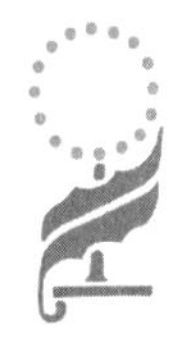

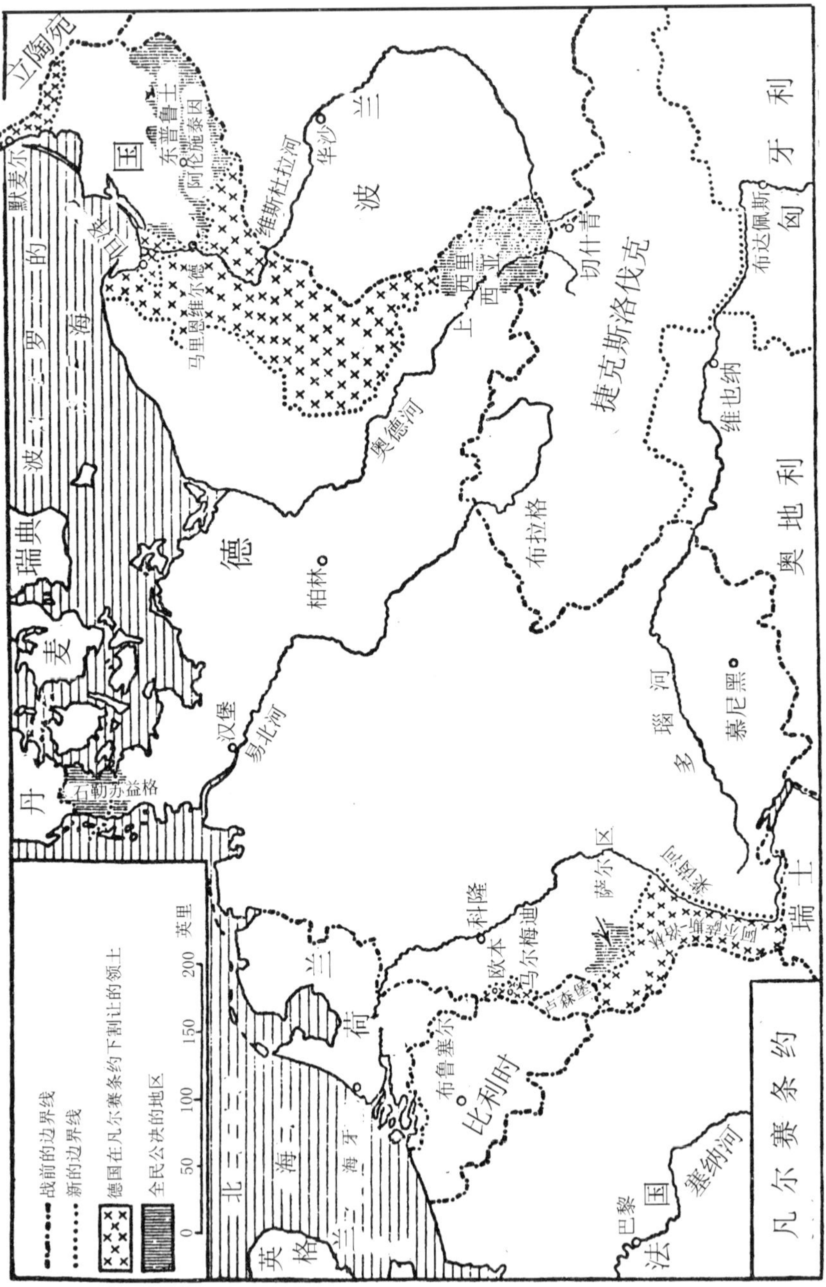
凡尔赛条约
战前的边界线
新的边界线
德国在凡尔赛条约下割让的领土
全民公决的地区
0
50
100
150
200
英里
立陶宛
默麦尔
东普鲁士
阿伦施泰因
但泽
维斯杜拉河
华沙
波兰
马里恩维尔德
上西里西亚
切什青
捷克斯洛伐克
布达佩斯
匈牙利
维也纳
奥地利
布拉格
奥德河
柏林
德国
波罗的海
瑞典
丹麦
石勒苏益格
汉堡
易北河
多瑙河
慕尼黑
瑞士
萨尔区
科隆
欧本
马尔梅迪
卢森堡
比利时
布鲁塞尔
荷兰
北海
海牙
英格兰
法国
巴黎
塞纳河

的各章中加以讨论。这里只需概述关于欧洲的领土规定。在西部，德国把阿尔萨斯和洛林归还法国，在欧本和马尔梅迪割让两块极小的领土给比利时，并放弃了它过去与卢森堡的关税同盟。萨尔煤矿区由国际联盟的一个委员会管理15年，期满时其命运将由全民公决来决定。矿产的所有权转让给法国作为对战争期间法国的煤矿区遭到破坏的补偿。在南部，德国割让了一窄条领土给新建的国家捷克斯洛伐克，并禁止与奥地利合并，除非得到国联行政 8
院的一致同意。在北部，过去的大公爵领地石勒苏益格的一部分（普鲁士于1864年夺自丹麦），由全民公决来决定其归属。公民投票在1920年2月和3月举行，其结果泾渭分明，令人满意。在其北部地区，75％的票数同意归属丹麦，在其南部地区则以一种甚至是更大的多数拥护归属德国。

在东部，德国割让给主要协约国和参战各国的是默麦尔的港口及其邻近地区，这一地区最后转让给了立陶宛。德国将波兹南省和西普鲁士省的大部分地区割让给波兰，并带有一条大约40英里宽的海滨地区——即所谓的“走廊”，它把东普鲁士和德国的其他领土分隔开来。但泽[①]是一个德国人居住的城市，但又一直是波兰的港口（它在“十四点”中已被许诺成为“一个自由的”和安全的出海口），成为一个与波兰有条约关系的自由市，进入波兰的关税体系，并由波兰指导其对外关系。另外，要在西普鲁士的马里沃德地区，东普鲁士的阿伦施泰因地区，以及整个上西里西亚地区进行全民公决。马里恩维尔德地区和阿伦施泰因地区的公民投票于

① 今格但斯克。——译者

1920 年 7 月举行，其结果是同意归属德国的占压倒优势，在每个
地区都只有几个村庄表明大多数人同意归属波兰，于是这些村庄
就被转让给了波兰。在上西里西亚的公民投票被推迟到下一年，
9 而且在双方都激起了强烈的情感并爆发了严重的暴力冲突。上西
里西亚与其他全民公决的地区不同，它蕴藏着丰富的煤、铁资源并包括一个巨大的人口稠密的工业区。投票的结果证明是不能令人信服的。大约 60％的投票者赞成归属德国，约 40％同意归属波兰。但是除了某些明确划定的农村地区之外，计算出来的结果是拼凑起来的数字，这使做出决定极为困难。以英国和意大利的特派员为一方，以法国的特派员为另一方，提出了相去甚远的看法。协约国最高委员会对这些看法未能取得一致意见，于是便依靠一个令人不愉快的指示而把整个问题提交给了国联行政院。行政院在经过另一次危险的僵局之后，在法国特派员提出的界线和英国一意大利特派员提出的界线之间做出了一个近似公平的折中办法。由于英一意的界线是一条精心计算的尽可能接近实际投票结果的界线，相反法国的界线则明显地偏向波兰的要求，因此根据严格公平的原则，行政院的决定也并非无懈可击。德国以愤怒的情绪接受了这个决定，但是在国联的早期年代中，这一决定增加了德国的舆论对国联抱有的成见。凡尔赛条约的领土条款使德国在欧洲失去了 2.5 万多平方英里的土地和大约 700 万人口。

我们可以对欧洲的其他和平条约给以更简洁的说明。

1918 年 11 月奥匈帝国君主政体的崩溃留给德意志、奥地利
10 一个孤立的和不均衡的残余地区。它的 700 万居民中有 200 多万
集中在维也纳。波希米亚，摩拉维亚和原奥地利西里西亚已经脱

离奥地利而组成了捷克斯洛伐克的核心部分。斯洛文尼亚已联合塞尔维亚和克罗地亚一起组成了南斯拉夫国家。意大利占领了的里亚斯特及其邻近地区。圣日耳曼条约所做的就是把这些既成事实记录在案。它只有两项明显与民族自决原则相抵触的条款,一是重复凡尔赛条约的禁止奥地利与德国合并的禁令,另一个是把清一色讲德语的南蒂罗尔割让给了意大利,其目的是使意大利拥有布伦纳山口这一战略边界。但是奥地利的经济状况已经惨到(数月以来维也纳几乎完全处于饥饿之中)几乎对这个和平条约的政治侮辱麻木不仁的地步了。由于担心与德国合并的运动会呈现出不可控制的规模,协约国并未打算认真实行该条约的非领土条款;而奥地利的赔款委员会则把自己变成了一个救济组织。

古老的匈牙利王国(它的1700万居民中至少有一半是匈牙利人)也已经按其种族分成了各个部分。特里亚农条约对斯洛伐克转让给捷克斯洛伐克,克罗地亚转让给南斯拉夫,以及特兰西瓦尼亚转让给罗马尼亚予以确认。就其主要方面来说,这些决定是公正的。但是,匈牙利的边界比德国的东部边界甚至更为明显地证
明了条约制定者们的某种渴望,即渴望在任何地方都尽可能地把 11
他们的原则滥用得有利于协约国而不利于敌国。这种灵活性所积累的影响是不可忽视的;而且匈牙利的媒体已经充分利用了那些少数的不公正行为。

保加利亚的损失几乎与匈牙利的损失一样严重。而且这些损失中的大部分并非始于1919年的和平安排,而是始于1913年结束第二次巴尔干战争的和平协定。在1912年的第一次巴尔干战争中,保加利亚与塞尔维亚、希腊、罗马尼亚联合起来,将土耳其驱

逐出了巴尔干，并把它赶回到离君士坦丁堡大约 50 英里一线。但是胜利者为瓜分战利品而发生争吵。在第二次巴尔干战争中，保加利亚同时受到它过去的三个盟国和土耳其的进攻，并在最后的条约中被迫割让领土给所有这四个国家。1919 年的纳伊条约重新确认了保加利亚的损失。它把保加利亚同塞尔维亚和希腊的边界做了进一步不利于保加利亚的修改，并原封不动地保留了 1913 年的明显不公平的与罗马尼亚的边界。导致所有保加利亚人强烈不满情绪的就是失去了马其顿地区，这是因它参加第一次巴尔干战争而许诺给它的报酬；我们在这里涉及的领土问题在性质上不同于此前我们讨论过的任何领土问题。在德国与波兰之间，或者在匈牙利人和罗马尼亚人之间确定合理而公平的边界或许是困难的，但至少不用怀疑考虑到了所涉及的人口的种族性质。但是在马其顿是否遵从这个首要之点是极有争议的。马其顿人是斯拉夫
12 民族的一支，但是他们的民族意识已经相当淡漠或者根本就不存在，而且他们的方言已经逐渐地融入了塞尔维亚语或保加利亚语。总有一天他们能够毫无差别地变成真正的塞尔维亚人或保加利亚人。为 1919 年所确认的 1913 年的解决办法，把马其顿的大部分给了塞尔维亚，其余的大部分给了希腊。但是马其顿人是不发达的民族，他们崇尚强盗行为。他们当中的忠诚于保加利亚的人逃到保加利亚并在那里成立了一个马其顿革命组织，并周期性地在南斯拉夫或希腊领土上发动袭击，采取恐怖手段对付边界两边的居民，因此使战后保加利亚和其邻国的关系严重恶化达 10 年以上。在这段历史时期，与欧洲的其他任何地方相比，在马其顿的生命和财产或许更没有保证。

在纳伊条约的其他条款中唯一需要提及的，是协约国同意“确保保加利亚到爱琴海的经济出海口”这一条。保加利亚人认为这意味着给保加利亚一条像波兰一样的领土走廊。而协约国提出的建议是在希腊的一个港口为保加利亚建立一个自由区。但是保加利亚人宁愿没有面包也不要半个面包；结果便不曾做任何事情使这一有争议的条约付诸实施。

最后需要提到的是那些新建的国家——波兰和捷克斯洛伐克——以及其他增加了大量领土的国家——南斯拉夫，罗马尼亚和希腊，它们被要求与主要协约国和参战各国签订条约，在这些条约里它们保证给予居住在其领土之上的“种族上的，宗教上的和语言上的少数民族”以政治权利，宗教信仰自由，受教育的权利，以及 13
在法庭上和在同当局打交道时使用他们自己的语言的权利。同样的条款也包括在与奥地利、匈牙利、保加利亚和土耳其的和平条约之中。而德国则并未被要求同意对任何少数民族承担义务。具有足够讽刺意义的是，这几乎是凡尔赛的和平缔造者们唯一承认德国与其他大国拥有平等地位的方面。

近东和非洲

1923 年 7 月与土耳其签订的洛桑条约，是和平条约中唯一持续了 13 年之久并被它的所有签字国承认是有效的和切实可行的条约，而且即使在 1936 年（见第 214 页*），它也是在自愿同意的

* 书中“见第…页”，均指原书页码，即本书边码，下同。——编者

情况下并只在一个方面进行了修改。从历史上看，洛桑条约的这种有别于其他和平条约的优点是由于以下几个因素：它在冲突结束近五年以后才得以签订，这时强烈的愤怒情绪已经随着时间的流逝而减弱；它不是强加的，而是在各方之间经过长时间的讨价还价的谈判之后达成的；它的签字地点也不是某个协约国的首都，而是一个中立国的领土。在这里不妨概述一下导致这种令人满意的结果的那一系列长期而复杂的事件。

在1919年5月和平会议期间，在列强紧张地全神贯注于德国问题的同时，也一直在插空讨论土耳其的前途，希腊首相文尼泽洛
14 斯说服协约国允许希腊军队占领位于小亚细亚的士麦那[①]。土耳其人以最不能宽恕和最蔑视他们的敌人的心情，强烈愤恨在达成停战协定很久以后还对他们的领土的这种入侵。从这种愤恨情绪中诞生了一场大规模的民族起义，并造就了一位有才华和有实力的领导人穆斯塔法·凯末尔。在一年的时间里，凯末尔主义者便横扫整个国家，只剩下一支协约国的守备部队还保卫着仍在伊斯坦布尔的土耳其傀儡政府。协约国无视警告，于1920年8月在色佛尔与伊斯坦布尔政府签订了一个和平条约。它建立在凡尔赛条约的模式之上，尤其是规定士麦那仍由希腊占领五年，此后它的命运将由公民投票来决定。

然而，希腊国内发生的一系列事件打碎了强制实施色佛尔条约的任何一点的可能性。1920年10月，希腊国王亚历山大被其宠物——一只猴子咬伤而死亡。在随后举行的大选中，文尼泽洛

① 今伊兹密尔。——译者

斯被剥夺了权力；而曾在战争期间因其亲德倾向而被驱逐的前国王康斯坦丁则回来重登王位。这种做法失去了协约国的同情心——这种同情主要是由于文尼泽洛斯的个人魅力。第二年，首先是法国人，然后是意大利人，同已经在安卡拉建立的凯末尔主义者的政府签订了秘密协定。在英国劳合·乔治的希腊政策遭到了严厉的批评；而且尽管希腊军队已经不顾一切地从士麦那挺进到小亚细亚腹地，但是形势已经很清楚，那就是它不能再指望得到协 15
约国的有效支持。在这种情况下，溃退是不可避免的。希腊人慢慢向后撤退；并在 1922 年 9 月，在经过了几场特别残酷的战斗之后，凯末尔把最后一支希腊军队赶出了亚洲的土地。在胜利的鼓舞下，现在凯末尔主义者把注意力转向伊斯坦布尔。法国和意大利的政府仓促撤退了他们的守备部队，形势相当危急。一时间，英国和土耳其之间重新开始敌对行动似乎不可避免。但是穆斯塔法·凯末尔及时停止了行动。双方签署了停战协定，这就为在洛桑召开和平会议铺平了道路，第二年夏天和平条约得以在洛桑签订。

像奥匈帝国一样，在 1918 年停战协定签订时，奥斯曼帝国已处于解体状态，它的巨大的阿拉伯领土已经处在英国和法国军队的占领之下。然而幸运的是，凯末尔主义者的运动从一开始就排除了奥斯曼帝国的这块古老的伊斯兰教的发祥地，并宣布了民族自决的现代世俗原则。新的土耳其国家明确宣布放弃对包括大多数阿拉伯人的领土的一切要求；因此使缔造和平并未出现不可克服的困难。土耳其的欧洲边界以牺牲希腊为代价而向前推进到阿德里安堡；也没再听说士麦那有什么公民投票。色佛尔条约中涉及的惩罚、赔偿和裁军等条款也被取消了。但是土耳其政府有点

令人不可思议地接受了在土耳其的领土上建立两个非军事区的要
16 求，一个在色雷斯，另一个在海峡地区。在安卡拉召开的国民大会相当满意它所获得的东西，宣布土耳其是一个以凯末尔为其总统的共和国，并开始了强有力的世俗化进程，1924 年春天，土耳其废除了奥斯曼哈里发——伊斯兰的宗教领袖的职务，他曾在四个半世纪中一直在伊斯坦布尔拥有他的教权。

前奥斯曼帝国的阿拉伯各行省的命运可以用来作为对委任统治制度的介绍。国联盟约规定，由战败国割让的那些领土“其居民尚不克自立于今世特别困难状况之中”的那些地区，应该被置于“各先进国”的保佐之下，而这些先进国家“即以受任统治之资格为联盟施行此项保佐”。实际上，受托国在多大程度上能宣称他们代表国联行动，是令人怀疑的。这些讨论中的领土是由德国和土耳其割让给协约国和主要参战各国的，它们负责选择委托管理国。国联批准了委任管理条款，并接受来自受托国的有关在它们保护之下的那些领土状况的年度报告。但国联的作用仅仅限于温和的批评。因为国联并未转让这种托管权，但是显然它也不能取消委任管理。对被委任统治的领土的主权归属于哪的问题，是一个解决不了的法律难题。

17 国联盟约规定三种委任统治（通常称为 A、B、C 三类委任统治），根据对委任统治所实施的居民的发展阶段来加以划分。

前土耳其的诸省份处于“A”类委任统治之下，规定委任管理的任务是“提供行政指导和帮助……直到它们能够自立的时候为止”；并明确规定“当地居民的愿望必须是选择委任管理时的主要考虑”。不能说这最后的条件被充分地满足了。阿拉伯的领土在战争期间就已经被英法之间的秘密协定而预先安排了;而且尽管在战后对实行该协定存在着大量争论,但是争论的关键并非在于当地居民的愿望。叙利亚的委任统治被分配给法国,伊拉克和巴勒斯坦及外约旦[①]的委任统治被分配给英国,而英国对巴勒斯坦的委任统治是以英国政府于 1917 年做出的要在巴勒斯坦建立“一个犹太人的家园”的保证为条件的。奥斯曼帝国的其他阿拉伯省份则获得了它们的独立。位于红海沿岸的长条阿拉伯边界——它因其包括圣地麦加和麦地那而被所有穆斯林看成是一块重要的土地——成立了独立的汉志王国[②]。土耳其在其他阿拉伯地区的主权只不过是名义上的;对于那些由定居人口居住的地区来说,实行统治的是一些自治的苏丹、酋长和阿訇。

“B”类委任统治被运用于德国在非洲的大部分领地,其居民 18
被认为不能胜任任何形式的行政管理自治,但是委任统治国不仅有义务禁止奴隶贸易和武器交易,不得招募当地人从事“除警卫目的或保卫领土以外的”活动(这是一个有点含糊的规定),并且有义务给予国联其他成员国以贸易和商业上的平等权利。在东非,整个前德国的殖民地坦葛尼喀被委托给英国,除了两个西部的毗连比属刚果的省份被委托给比利时,南部的基永加港完全让给葡萄牙之外。西非的喀麦隆和多哥均在英、法的委任统治之下分而治之。

“C”类委任统治设立于德属西南非洲,其委任统治权属于南

① 其领土构成了今日之约旦的大部分。——译者

② 今沙特阿拉伯。——译者

非联邦，而德国在太平洋上的岛屿属地被委托给澳大利亚、新西兰和日本。“C”类委任统治地区“在受托国的法律之下进行管理”，而且“B”类和“C”类委任统治的实际区别在于：受托管理后者的国家没有义务给其他国家以托管领土上的贸易和商业方面的平等权利。

美国与远东

19 在对待战后做出的安排方面，美国人民的态度摇摆于极其理想主义和极其谨慎之间，在某种意义上这似乎是这个时期美国人对待外交事务的特点。美国首先通过总统说明它坚持将国联盟约写进凡尔赛条约之中；然后它又通过国会以该盟约所强加给它的义务为理由而拒绝了凡尔赛条约。美国这种不合作态度的最终影响是巨大而深远的。但是它并没有对欧洲的安排产生直接影响。美国与德国、奥地利和匈牙利分别签订了主要是形式上的条约（它并未与保加利亚和土耳其交战）；于是和平得以恢复而又未使美国卷入不受欢迎的欧洲的义务之中。

在远东，美国却不能保持同样的平静而超然的态度。战争的结束使日本成为太平洋上占有优势的国家，在战争中，日本自己的军事力量的使用不过是名义上的。根据凡尔赛条约，日本从德国获得了中国山东省的胶州“租借地”，这个决定使中国拒绝在该条约上签字。它还同时得到了对北太平洋上的前德国岛屿属地的委任统治权。由于沙皇俄国的消失，日本成了接近中国边界线的唯一大国；而且由于俄国和德国的海军同时遭到了毁灭，这就使日本

不仅成为远东最强大的海军国家，而且成为世界第三海军强国。日本对中国的威胁和它争取获得太平洋上的海军霸权的企图引起 20
美国有识之士的极度不安；于是1921年下半年美国政府邀请其他大国（英帝国、日本、法国和意大利），再加上其他三个在太平洋上有领土利益的国家（中国、荷兰和葡萄牙）以及比利时（它要求包括其中完全是出于感情上的考虑），一起“参加一个关于限制军备的会议，而与此有关的太平洋及远东问题也将得到讨论”。该会议于1921年11月在华盛顿召开了。

华盛顿会议的结果签订了三个条约。第一个条约被称为《四国条约》，在美国、英帝国、法国和日本之间签订，它们同意相互尊重它们在太平洋上的岛屿属地的权利，并同意一旦它们之间对这些权利产生任何争论、或因任何其他国家的侵略行为而使这些权利受到任何威胁之时，四国共同进行磋商。这个简单的文件的重要性是双重的。自美国拒绝国联盟约之后，该条约第一次把美国拉进了一个与其他大国就共同关心的问题进行磋商的有限体系，并且它为现在已经是多余的英日同盟的终结提供了一个相当体面的借口，英日同盟在美国、自治领以及英国的大部分公众舆论中已变得极不受欢迎了。第二个条约即《五国协定》，该协定为海军的裁军规定了一个广泛的限度，其基本要点是：在主力舰方面确立英帝国和美国之间的海军对等，并规定日本的主力舰力量为英国和 21
美国的60％。法国和意大利的定额为35％。对轻巡洋舰、驱逐舰、潜水艇和其他辅助舰只则没有规定限制。签字国进一步同意在太平洋上的指定区域维持防御工事和海军基地方面的现状。第三个条约是《九国公约》。出席会议的所有国家保证尊重中国的独

立与完整，并“不得因中国状况，乘机营谋特别权利，而减少友邦人民之权利”。在这些条约之外，还有另一个文件也在华盛顿签订；尽管它并不是会议正式议程的一部分，但是如果没有来自英国和美国代表团的巨大压力，肯定不能达成协议。在这个由日本和中国单独签订的协定中，日本同意将凡尔赛条约中由德国让与它的胶州领土归还给中国。

华盛顿会议作为一个杰出的成功而受到欢呼，不是没有道理的。它看起来恢复了太平洋上的战前力量平衡。迫于坚定的英—美联合阵线以及世界舆论的道义压力，日本被迫接受了这样的结果，这即使不是一个公开的失败，无论如何也是对它的野心的严重抑制。日本被说服放弃了它在中国大陆的唯一战利品。它未敢要
22 求与英帝国和美国的海军对等；而且它要求达到英国和美国海军吨位的70%的比例被削减到60%。日本对中国的完整和对太平洋上英—美海军优势的威胁都被排除了。但是，就华盛顿诸条约所确立的形势是建立在日本并不愿意放弃它在亚洲大陆的急进政策这一点来说，这种形势是不安全的。日本早晚将意识到它的力量，将憎恨在华盛顿解决方案中给它带来的威信损失。是盎格鲁—撒克逊人还是日本人在远东拥有优势影响这一根本问题仍然没有得到解决。但是感谢华盛顿会议，它把这种未定的形势保持了几乎整整十年。

第一部分 23

强制时期：联盟国家（1920—1924）

第一章　法国和它的盟国

在1919年以后的年代里，欧洲事务中的最重要的和最持久的 25
一个问题就是法国对安全的追求。在17世纪和18世纪，法国有理由把自己视为欧洲最大的军事强国；而且这种传统观念在拿破仑战争之后仍然存在，因为当时它只是屈服于反对它的全欧洲的联盟。1870年，法国对它的力量的这种幻觉因法国—普鲁士战争而猝然破灭。一个新的国家已经在中欧兴起。它的民族意识和法国的民族意识同样强大而凝聚，而它的自然资源要比法国丰富得多。德国的丰富的矿产资源使它的工业得以发展并赋予它生产战争物资的能力。在这些方面，法国别指望和它竞争。法国的人口几乎总是停留在不到4000万的水平上，而德国的人口却以每十年500万的速度增长着，到1905年已经超过了6000万。不仅如此，德国人还显示了他们拥有组织军事力量的天赋。德国的战争机器不仅在装备和人员方面优于法国的战争机器，而且在其运转方面也超过法国。1914年，法国人——就像他们完全意识到的那样——如果不是英国的迅速介入，他们将会在六个星期内再次成
为一个战败国；而英国的介入简直是千钧一发。对1918年的胜利 26
的欢呼是昙花一现的。而且即使在欢庆胜利的时候，人们也听到了一种深深的担忧之声。自1870年以后——更不必说自1914年

以后——法国已经可怕地意识到它在德国面前的虚弱地位。法国已经将1871年的失败转为胜利，那么，它能够找到什么办法才能阻止德国在某一天将1918年的失败转为胜利呢？

法国对这个问题的第一个回答是明确而坚决的。它希望获得它称之为“天然屏障”的地区，即永远拥有莱茵河及其河上的桥梁，因为任何来自东方的对法国的入侵之敌都必须经过它们。一份法国于1919年2月提交给和平会议的备忘录指出：“危险来自德国拥有莱茵河左岸和莱茵河上的桥梁……在目前情况下，对西方和海外的民主国家来说，它们的安全使由它们来守卫莱茵河上的桥梁成为必须之事。”令法国深深失望的是，它的盟国拒绝将莱茵河作为法国的安全边界，理由是这种安排将使一直居住在莱茵河左岸的500多万德意志人从德国分离出去。在经过激烈的争论之后，法国被迫放弃了它的要求。作为交换条件，法国得到了：

(1)在凡尔赛条约的条款中包括规定由协约国的军队占领莱茵河左岸15年，并规定了它的永久非军事化(即禁止在莱茵河西岸驻扎军队或修建工事)；

27 (2)法国与英国和美国分别签订条约，其中规定“一旦德国对法国采取任何未经挑衅的侵略行为时”，英、美同意立即对法国实行援助，这两个条约与凡尔赛条约同时生效。

美国未能批准在凡尔赛签订的条约致使英国和美国对法国的上述保证无效。法国感到自己受了欺骗。法国仅凭一纸并未兑现的诺言就放弃了它的要求；而这种不满则成为以后所进行的、法国和英国有关安全问题的讨论中贯穿始终的基本因素。

由于法国不得不就这样放弃了它对获得“天然屏障”的追求，

因此在随后的四年中，法国进行了疯狂的努力去寻求它对德国天生劣势的补偿措施，并减少它对德国报复的担心。它采取了双管齐下的方式：建立条约保证体系和联盟体系。

保 证 体 系

大约在 1920 年初，当时的情况已经很清楚，即英国和美国针对未经挑衅的侵略的保证决不可能生效，因此除了在国联盟约中具有的保证法国免遭德国侵略的条款之外，法国处于没有任何条约保证它免遭德国侵略的状态。而法国从一开始就认定这是不够
的。法国的判断的确不错，盟约第 10 条规定，国联成员国保证“尊 28
重并保持联盟各会员国领土之完整及现有政治上之独立，以防御外来侵犯”，盟约的第 16 条和第 17 条还规定了对任何无视它的义务而诉诸战争的国家实行制裁或惩罚。但是英国（它被视为最重要的国家）只是勉强地接受了第 10 条；而法国关于建立一支国际部队的建议则遭到了英国和美国的断然拒绝，但只有这支国际部队才能使制裁成为有效之事。第 16 条规定国联成员国有义务与某个侵略国断绝财政和经济关系。但是军事行动（只有它才能制止德国）取决于行政院的“建议”，而该建议要求全体一致的投票，而且在投票时，该建议是否被接受则取决于每个国家是否愿意这样做；另外，美国拒绝履行义务也引起了对国联的财政和经济封锁的功效，甚至对国联是否会实行财政和经济封锁的可能性的极大怀疑。

当国际联盟正式开始工作时，法国进一步加深了对盟约效力

的怀疑。在 1920 年 12 月国联于日内瓦召开的第一届大会上，第 10 条和第 16 条立即成为攻击的目标。加拿大希望完全删掉第 10 条；斯堪的纳维亚的代表团们则要求规定根据第 16 条自动实施经济制裁的例外情况。这两项建议都引起了长时间的磋商。第二
29 年，国联大会通过了一个决议，它特别规定，如果需要，国联行政院将建议一个期限，到此期限将开始实行第 16 条所规定的强制经济压力，其结果是使行政院可以在推迟经济制裁和减轻经济制裁的实施程度方面自由行事。1923 年提出的决议宣布，需要采取何种措施去履行第 10 条的义务，必须由“每个成员国的政府裁定”。这个决议的结果是把整个军事援助问题留给每个政府自由决定；而且只要一个小国投票反对，这种行动的采取就会受到阻挠。尽管第 10 条和第 16 条都未被正式修改，但从这些讨论中可以清楚地看到，在危机期间实际实行这些条款的程度将大大落后于盟约的严格的字面含义。这个在日内瓦的机构显然不可能发动那种迅速的军事行动，但只有这种行动才能挽救法国免遭侵略。

在这种情况下，法国继续催促英国给以某种追加的援助保证以反对德国的侵略，这是不奇怪的。然而这些努力的结果与初衷相悖。1922 年 1 月，英国政府终于鼓足勇气提出给法国一个保证，它大体上相当于 1919 年那个夭折的条约中的条款。碰巧当时的法国总理是固执而短视的普恩加莱——他信奉要么全要、要么全不要的政策——他要求该保证必须附加一个规定英国军队提供
30 明确援助性质的军事协定，并且宣称，如果没有这个协定，单纯的保证条约对法国是没有意义的。然而英国政府并不打算使自己在承担义务方面走得这样远。它已经还清了它欠法国的道义债；现

在它暂时放弃去完成这个明显是毫无希望完成的任务，即满足法国对安全的追求。

联 盟 体 系

普恩加莱之所以采取这种不妥协的态度，部分原因在于当时法国在其他方面寻求安全并获得了成功。这个成功就是一个联盟体系的建立。一个军事联盟政策比起一个更多是抽象色彩的反对侵略的安全保证来说，更适合法国的气质和法国的传统。对法国来说，正是这种政策使它在 18 世纪的欧洲获得了霸权，当时它借助与奥地利周围的小邻国的联盟而牵制了奥地利。现在它也正是依靠这种政策寻求包围德国。在西部，法国依靠 1920 年 9 月同比利时的军事联盟确保了安全形势。而在其他地区则必须开辟新的天地。俄国已经不再作为一个军事强国而存在。但是在它原来的地域中，新的波兰共和国出现在德国的东部边界。在南部，多亏协约国取得了胜利，才出现了三个新的或领土大大扩展了的国家——捷克斯洛伐克、南斯拉夫和罗马尼亚，它们是法国的天然盟友和法国的附庸国。法国利用这种形势，在战后三年的时间里建立了一个有效的和相互利益攸关的联盟体系。

波　　兰

31

战争结束时诞生的波兰共和国并不是一个新的国家，而是一个古老国家的复活。从 10 世纪到 18 世纪，波兰曾经是一个幅员辽阔的强大王国。18 世纪后半期，它召来了俄国、普鲁士和奥地利的联合敌视；并在它的越来越多的领土因三次“瓜分”而被夺走之后，波兰于 1791 年失去了它的独立。1918 年俄国、德国和奥地利帝国的同时崩溃是一次意外的幸运，这使波兰的复国成为必然之事。但是最初的年代是一个非常困难的时期。原属俄国的、德国的和奥地利的波兰人现在联合在一起形成了一个国家，但是他们在大约 125 年的时间里生活在不同的法律和行政管理体制之下，曾服役于不同的军队并站在敌对面进行战斗，而且已经养成了不同的传统和忠诚于不同的国家。这需要巨大的共同的爱国之心才能战胜那些意识上的分歧。另外，处于欧洲大平原上的波兰，除了南部的喀尔巴阡山脉把它同斯洛伐克分开之外，并没有明确的地理边界。它的西部和北部与德国的边界已经根据凡尔赛条约所规定的方法得以划定，而在其他任何地方，新的波兰的边界都是它同其邻国激烈争执的问题。

33 在西南部，一小块原属奥地利西里西亚的地区，是由混杂的捷克—波兰人居住的重要产煤区，引起了波兰和新建国家捷克斯洛伐克的争端。1919 年初，波兰和捷克斯洛伐克的军队在这块有争议的地区相互开战；只是由于法国和英国官员的调解，一场互有准备的激战才得以避免。决定通过公民投票来解决这一争端。但当投票的日期日益临近时，双方的情绪是如此激昂以致被迫放弃了这个计划；不过在法国的压力下，双方同意达成一个协定。根据这个协定，捷克斯洛伐克获得了煤矿，而波兰得到了重要城镇切什青（尽管不包括它的火车站，该火车站仍然留给捷克斯洛伐克）。这是一个妥协，它除了是一个妥协之外没有任何价值；而双方继续把

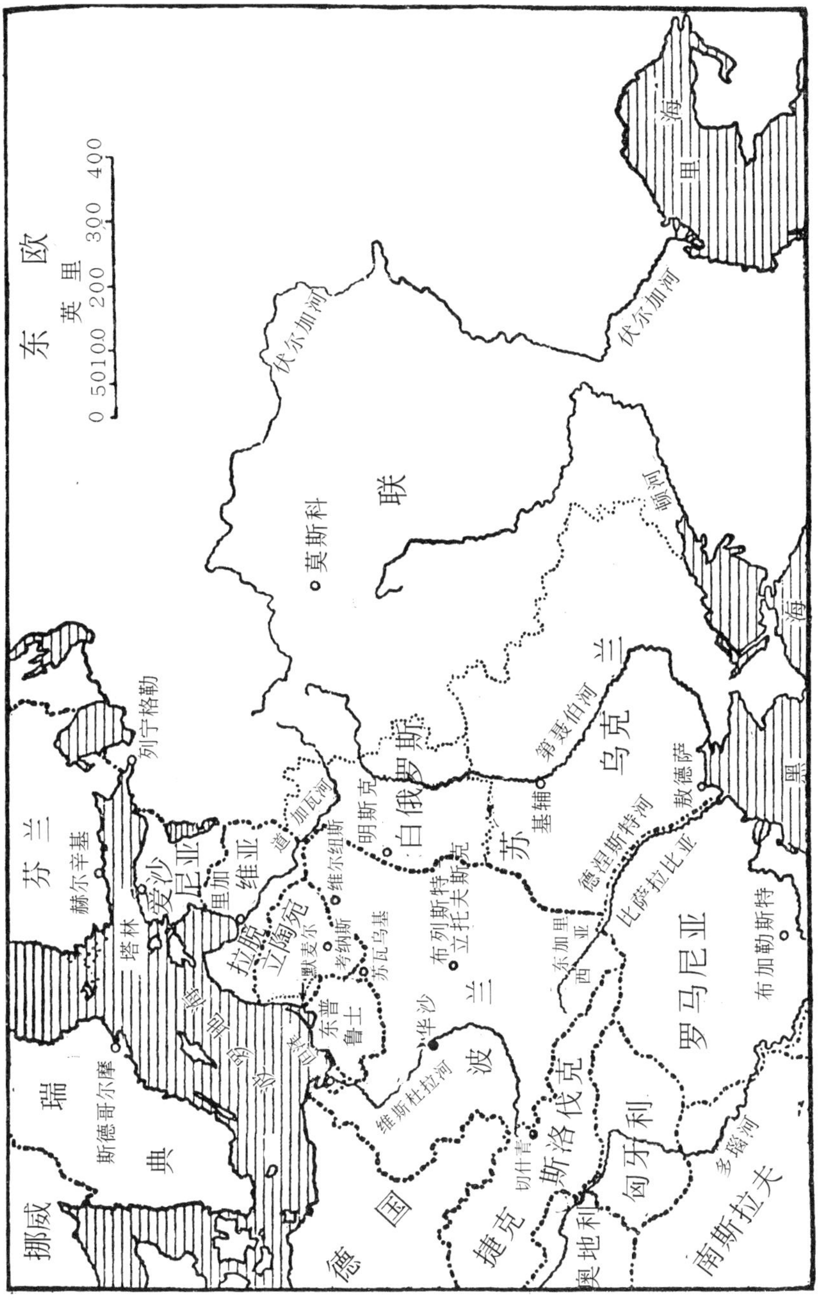
东欧
英里
0 50 100 200 300 400
苏联
莫斯科
伏尔加河
伏尔加河
顿河
里海
黑海
乌克兰
第聂伯河
基辅
敖德萨
德涅斯特河
比萨拉比亚
罗马尼亚
布加勒斯特
多瑙河
南斯拉夫
匈牙利
奥地利
捷克斯洛伐克
切什青
德国
波兰
华沙
维斯杜拉河
东加里西亚
东普鲁士
但泽
波罗的海
瑞典
斯德哥尔摩
挪威
芬兰
赫尔辛基
列宁格勒
爱沙尼亚
塔林
拉脱维亚
里加
立陶宛
考纳斯
默麦尔
维尔纽斯
苏瓦乌基
布列斯特立托夫斯克
明斯克
白俄罗斯
道加瓦河

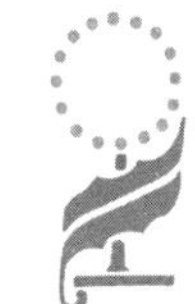

自己看成是深受伤害的一方。

在原属于奥地利的波兰地区则产生了不同的问题。原奥地利的波兰被分成了东、西加里西亚两个省份，在西加里西亚居住的人纯属波兰人。在东加里西亚定居的地主贵族和大多数知识分子（除了犹太人之外，他们在这里人数众多）是波兰人。但是居住在整个西南俄罗斯地区的是属于同一种族的农民——他们被不同地称为小俄罗斯人[①]，乌克兰人和罗斯人[②]。东加里西亚的无地的罗斯农民憎恨波兰地主，是由于他是地主而并不是由于他是个波兰人，这种情况是很可能的。但是这种深深的仇恨是不容怀疑的。1919 年初的几个月，东加里西亚成了占统治地位的少数波兰人和占被统治地位的多数罗斯人之间的持续内战的战场。波兰的增援
34 部队很快开了进来，而罗斯人没有获得任何有价值的援助，只有来自巴黎的协约国对波兰高压政策的温和的抗议。于是罗斯人于 5 月底结束了他们的抵抗。协约国并没有帮助去改变既成事实，而是建议波兰作为委任统治国对东加里西亚管理 25 年，25 年以后这块土地的命运将由国际联盟来决定。波兰人拒绝了这个建议并继续占领着该地区。1923 年协约国最终正式承认波兰对东加里西亚的主权，作为回报，波兰保证（但该保证从未实行）在那里建立自治制度。

在波兰的东部边界，同样的问题以更为严重的程度出现了。在波兰王国的强盛时期，它的国土并不限于其土著居民为波兰人

① 乌克兰人的旧称。——译者

② 又称罗斯尼亚人，罗塞人，是乌克兰人的一支。——译者

的土地。它曾包括整个立陶宛、大部分白俄罗斯和远至黑海的整个乌克兰。在这些土地上，极其广阔的农村地区归波兰地主所拥有——这种情况一直持续到 1917 年的俄国革命。革命之后，这些地主在波兰避难。他们自然向波兰政府施加强大的压力，要求其为他们重新占领他们的土地；而狂热的爱国分子们则梦想着一个复兴的从波罗的海伸展到黑海的波兰王国。来自巴黎的协约国的建议是，应当将波兰东部的边界划定在只包括波兰人口占多数的土地上，波兰接受了这个建议，但认为这是对它的深深伤害。

正是处于这样的情绪中，波兰国家的首脑、陆军总司令毕苏斯
基元帅于 1920 年春天开始为波兰而征服乌克兰。因内战而处于 35
混乱状态的苏维埃军队进行了无力的抵抗；于是波兰的军队很快就到达了基辅。然而到 6 月，苏维埃的军队就能够发动一场大规模的反攻，这场反攻不仅把狼狈的波兰人赶出了乌克兰，而且将苏维埃的军队开到了距华沙几英里之处。但是战争的命运在这里经历了另一次突然的逆转。苏维埃的进攻就像此前波兰的进攻一样精疲力竭了。波兰军队再次挺进。这一次他们避开乌克兰而向正东进军进入白俄罗斯；当最终宣布停火时，这条停火线在协约国建议的所谓“寇松线”以东约 150 英里。但是苏俄政府不吝惜土地而需要和平。1921 年里加条约确认这条停火线为波兰与苏俄的永久边界。波兰放弃了它对乌克兰的要求，但得到了一块巨大的、尽管是人口稀少的白俄罗斯的广阔地区。

下一个轮到了立陶宛。这里的主要争端是维尔纽斯城及其周围地区。维尔纽斯曾是中世纪立陶宛帝国的首都(16 世纪它通过一次门当户对的皇室联姻而与波兰合并)；而当 1918 年一个独立

的立陶宛重新复国时，它立即宣布维尔纽斯为其首都。不幸的是维尔纽斯对波兰也有着同样强烈的感情吸引力。维尔纽斯是有名的波兰大学的所在地和波兰学术的古老发源地。但是从人种学的
36 角度看，无论是立陶宛人还是波兰人的要求都不太站得住脚。这个城市的居民是犹太人（犹太人占绝对的多数）、波兰人和白俄罗斯人；它周围地区的居民是白俄罗斯人和立陶宛人。但是在激起如此多种感情的地方所涉及的居民的愿望（即使他们确实有任何愿望）也不可能成为决定性的因素。

1920 年 7 月，在苏维埃俄国向华沙挺进的过程中，立陶宛和苏俄政府签订了一个条约，根据该条约后者承认立陶宛对维尔纽斯的要求。但随后波兰的推进完全切断了立陶宛与它的苏俄朋友的联系，并使它单独面对波兰人。战斗很快在苏瓦乌基附近打响了。对波兰人来说，战斗进行得并不比他们期待的那样顺利；于是在 10 月签订了停战协定，该协定使维尔纽斯和这一地区留在了立陶宛手中。三天以后，一个自作主张的波兰将军泽林格维斯基召集了一些军队，以突然袭击的方式完全打败了立陶宛人并占领了维尔纽斯。波兰政府在公开场合对这种彰明较著的背信弃义表示惋惜。但它厚颜无耻地坚持不放弃这个战利品；若干年以后毕苏斯基承认，这个突然袭击是在他了解并同意的情况下进行的。由国际联盟指导下的长期谈判也未能把波兰人赶出去；随后在 1923 年，当时立陶宛因其占领了默麦尔（自凡尔赛条约签订以后一直为协约国所占领）而做出了让人瞧不起的事，协约国正式承认了维尔纽斯是波兰的一部分。

这样建立起来的波兰国家拥有 3000 多万人口——这个数字

几乎使它有资格进入大国行列。在自然资源方面它是富足的，它 37
的西南部藏有丰富的煤和铁，在东加里西亚蕴藏着石油，东部有广袤的森林，几乎到处都是良田。但是它仍然存在明显的弱点。在它的人口中不少于25%是非波兰人，其中包括400万犹太人；而且大部分少数民族事实上或潜在地存在对立。另外，在波兰复国的早期年代，波兰与其周围邻国的关系无一例外地都不和睦。与德国人就德意志少数民族的待遇问题和但泽问题存在着连续不断的摩擦；而且看起来值得怀疑的是，是否任何德国政府都会无限期地忍受由于波兰走廊而把东普鲁士和德国的其余领土分割开来。苏俄或许有一天会后悔它的慷慨大方。捷克斯洛伐克是暗自神伤而愤怒的，立陶宛则大声吵闹愤愤不平；而且麻烦事可能再次发生在东加里西亚。波兰是东欧最强大的国家。但是它几乎不能单独面对世界。

在这种情况下，法国同德国的邻国结盟的政策就与波兰自身的需要完全一致了。1921年2月的法波同盟条约是两国进行密切的政治合作的文件。它附有一个秘密的军事协定，根据这一协定，法国随后以宽大的条件向波兰提供大量战略物资以装备波兰军队。一些谨慎的法国人抱怨说，如此爱争吵的一个盟国与其说是一个财富倒不如说是一个负担，而且没有一个法国士兵会愿意为波兰而死。一些波兰人则抱怨他们的法国盟友的以恩人自居的
傲慢态度，以及在华沙的人数众多且花费巨大的法国军事代表团。38
但是该联盟建立在如此坚固的共同利益的基础之上，因此不可能为一些小小的不满所动摇。在每一件重要的国际政治事务中，法国和波兰都使他们自己相互站在对方一边。在日内瓦，法国和波

兰的代表团在每一次秘密谈判中都会密切合作，而在每一场公开的辩论中他们都彼此协商并意见一致地投票。

小 协 约 国

“小协约国”是最受益于奥匈帝国崩溃的三个国家——捷克斯洛伐克、罗马尼亚和南斯拉夫——之间的联盟的非正式名称。

捷克斯洛伐克就像它的名字（一个新创造的词）所表明的那样，是由两个相邻的民族联合而成的。捷克和斯洛伐克是同一斯拉夫种族的两个分支，说着相同语系的关系极为密切的方言。然而这两个民族的历史却是完全不同的。捷克人在中世纪就组成了独立的波希米亚王国的核心，从 1620 年起转而处于奥地利帝国的德意志的影响之下。古老的捷克贵族阶层已经完全德意志化了；而现代的捷克人是节俭的、努力工作的、受过良好教育的中产阶级和工人阶级。另一方面，斯洛伐克在 1918 年以前的长达 1000 年的时间里一直是匈牙利的一部分。斯洛伐克人是不识字的农民阶层；而斯洛伐克的文化是由少数居住在海外（主要是居住在美国）
39 的知识分子所代表的。这些背景情况就使新的捷克斯洛伐克国家的军官、公务员和教师将主要从捷克人中间选拔的情况成为不可避免之事。但是这种不平等遭到了斯洛伐克人的憎恨；最有代表性的斯洛伐克党派坚持要求给斯洛伐克以“民族自治”。

捷克斯洛伐克的大部分土地是农业用地；而新的国家依靠大规模的土地改革来加强自己的力量，包括没收较大的地主，主要是德意志人和匈牙利人的土地，并把这些土地分配给捷克或斯洛伐

克的小土地所有者和农民。但捷克斯洛伐克也是一个高度发展的工业国家，并且是巨大的战争物资制造厂。它过去的奥地利省份囊括了前奥匈帝国的近80%的煤、铁工业和重工业。但是这些有利条件却被其虚弱的地理位置和居民的混杂性质而部分地抵消了。在它的超过1400万的居民中，形成统治阶级的捷克人为650万，而斯洛伐克人为200多万。其他居民由生活在波希米亚边缘的300多万密集的和工业化了的德意志少数民族，以及匈牙利、罗斯和波兰的少数民族所组成。在一场危机到来之时，斯洛伐克人的作用是不能肯定的；而且几乎在任何一场捷克斯洛伐克发现自己可能卷入的战争当中，那些少数民族都将是敌对的。首都布拉格的位置距离边界是如此之近，以致可能在同德国的敌对行动爆
发几天甚至是几小时之内就能被德国的军队所占领，另外狭长的 40
斯洛伐克领土也很难防御来自匈牙利的进攻。在所有的中欧国家中，捷克斯洛伐克的民族成分是最复杂的，而且从军事观点来看也是最易受攻击的。

罗马尼亚更有理由去庆贺自己的和平解决方案而不是去庆祝它在战争中的经历。在战争过程中它曾两次改变立场；但是在战争结束时它从匈牙利获得了特兰西瓦尼亚的大部分，并且不顾苏俄政府的抗议而从俄国获得了比萨拉比亚，因此它的领土增加了一倍，其人口从700万增加到1700万。同捷克斯洛伐克一样，罗马尼亚实行了大规模的农业改革并重新把土地分配给小自耕农。它的少数民族——匈牙利人、俄罗斯人和犹太人——并未强大到足以成为它的国家安全的威胁。但是罗马尼亚政府有一个腐败的坏名声，而且根据巴尔干的标准来判断，罗马尼亚军队的质量也不

高。罗马尼亚是欧洲仅次于苏联的石油生产大国;石油和小麦是它的主要财富来源。

在国内,南斯拉夫必须解决与捷克斯洛伐克同样的问题:联合同类的种族。在组成南斯拉夫国家的三种成分中,塞尔维亚人自1867年土耳其的驻军最后撤走之后一直享有独立。而在1918年以前,克罗地亚人始终处于匈牙利的统治之下,斯洛文尼亚人则一直处在奥地利的统治之下。从一开始就在这个联盟中占据主导地位的塞尔维亚人特别英勇善战,而且具有一种粗制滥造的组织天
41 赋。但是在政治上和文化上他们不如克罗地亚人和斯洛文尼亚人,后者藐视塞尔维亚人为半野蛮人。这三个伙伴之间的摩擦成了建立新国家的严重障碍,加上塞尔维亚人本身政治上的不成熟,就使得任何议会体制都无法工作。克罗地亚领导人坚决要求自治;因此他们当中的许多人在监狱或在流放中度过了许多年——这种不愉快的事态的责任应该由双方共同承担。这个国家的繁荣主要是依靠它的坚强而勤劳的农民,尽管它的矿产资源也相当丰富。

在国外,南斯拉夫是小协约国中拥有最多样的和最广泛利益的成员。捷克斯洛伐克主要属于中欧,罗马尼亚属于巴尔干,而南斯拉夫则同时属于双方。它的北部边界离维也纳不到100英里,其东南部离爱琴海不到50英里。这种多样性的利益使它在其伙伴关系中处于一种特殊地位。小协约国的创立是为了共同防御匈牙利;而且匈牙利是组成这个联盟的条约中唯一被指名道姓的国家。但是,对于南斯拉夫来说,匈牙利从来不是其首要担忧的国家。南斯拉夫从匈牙利分得的领土财产少于捷克斯洛伐克和罗马

尼亚。因此它并不担心匈牙利的领土收复主义。另一方面，它极其嫉妒意大利在亚得里亚海的统治地位。在南斯拉夫看来，意大 42
利占有的斯拉夫领土大大多于它应当占有的面积；而且意大利希望分裂南斯拉夫国家是出了名的，并可能正在密谋此事。南斯拉夫人是爱记仇的人。南斯拉夫对意大利的敌视是两次世界大战之间的年代中欧洲的所有世仇中持续最久的世仇之一。

小协约国是通过 1920 年和 1921 年它的每对成员国之间签订的联盟条约而诞生的。直到很久以后法国才同小协约国家签订了政治条约。但是从一开始就存在着正式的或非正式的军事协定，就像波兰的情况一样，规定任命法国的军事代表团并对小协约国的军队提供战争物资；于是捷克斯洛伐克、罗马尼亚和南斯拉夫就成了在日内瓦和其他场合的法国外交事务中的忠实卫星国。法国同小协约国的关系建立在不同于它与波兰关系的基础之上。同波兰联盟的基础是在保持遏制德国方面的直接的共同利益。而另一方面，同小协约国的谅解含有一种心照不宣的交易。三个小协约国家支持法国巩固凡尔赛条约，在该条约中它们自己的利益是微不足道的。法国则支持小协约国作为一个整体防范匈牙利，而南斯拉夫则特别要反对意大利。这个行动的重要性在于它扩大了法国自己的安全概念。现在法国不仅有明确的义务去维护凡尔赛条约，而且要维护整个欧洲的和平安排。它不再只是关心将德国遏 43
制在莱茵兰并阻止它在东方加强其地位。而且它要支持波兰反对立陶宛，支持捷克斯洛伐克反对匈牙利，支持南斯拉夫和罗马尼亚反对保加利亚，以及甚至把它的朋友们从过于严峻地解释他们对其少数民族的义务的麻烦事中解救出来，上述这一切都变成了公

认的法国的利益。鉴于法国能够在所有这些问题上施加有力的影响，法国就成了这些国家的一个非常值得拥有的保护人。

在1920－1924年的时期里，法国这个拥有一支强大的、装备良好的并取得了胜利的陆军，以及拥有大量军火储备的国家，其威望和力量在欧洲都达到了顶点。它是现状的维护者和最终被称之为“修正主义”的死敌。它的地位类似于1815年和平安排之后的梅特涅的地位；而且依靠它与波兰和小协约国的协定，它建立起了一个现代的神圣同盟。

第二章　战败中的德国

法国占优势的年代也正是德国最蒙受羞辱的年代。国内政治 44
并不包括在本书的范围之内。但是在两次世界大战之间的年代里，德国的内政是如此直接地影响到国际形势，因此我们在这里必须就它们说几句话。1914 年以前德国处于议会民主与军事独裁的双重统治之下。这种情况或许正适合德国人民所达到的政治发展阶段。战后对民主的普遍热情席卷全国；并且从 1918 年 11 月的混乱中产生的政体是由社会民主党组成政府的共和国，它的总统是一个从前的皮匠，名叫艾伯特。

“魏玛共和国”（这种称呼来源于魏玛城，1919 年在那里召开国民大会批准了它的宪法）在最令人沮丧的情况下开始了它的存在。它到处面临着无秩序、无政府状态与贫穷匮乏。它的第一个任务就是去批准凡尔赛条约；于是在德国人的心里，它的名字也就和民族的耻辱连在了一起。1815 年推翻了拿破仑的那些国家意识到，如果他们希望恢复了的王朝能够在法国生存下去，他们就必须以关心和尊重的态度来对待它。但是 1918 年的胜利者们并没 45
有表现出这种明智。在德国巩固地确立和平的魏玛民主政治是符合胜利者的利益的。然而胜利者并没有运用它们的力量去做每一件事情以增加魏玛共和国的威信，相反他们却使它遭受了如此持

续不断的羞辱，以致魏玛共和国决不可能指望赢得德国人民的忠诚与爱戴。凡尔赛条约中的领土条款已在绪论中加以说明。本章将涉及该条约中的其他条款，这些条款构成了1920－1924年间德国的国际关系中的最重要的部分。

战争罪行和战争罪犯

英国和法国同样热衷于批准凡尔赛条约中关于“战争罪行”和“战争罪犯”的条款。然而，以往战争的胜利者们尽管无情地对待他们战败的仇敌，却认为宣布道义上的任何罪名都是多余的。但无论是英国还是法国的战争宣传已经如此持续地强调德国的道义罪责（特别是德国侵犯比利时中立，放肆地蹂躏被占领土，以及通过空中轰炸和对商船的无限制潜艇战杀害平民），致使公众舆论要求对它的行为给予某种正式定罪；另外，坚持德国有犯罪行为的英国和美国的政界提供了一种他们认为是必需的证据，以证明这个
46 和平条约的苛刻性是有道理的。根据赔款一章的第一条条款，德国必须对“德国及其各盟国使协约及参战各国政府及其国民因德国及其各盟国的侵略，以致酿成战争之后果，所受一切损失和损害，承担责任”。这一条款的意义重大。该条约的赔款条款是使大多数美国政界人士和一些英国政界人士感到极为疑惑不安的条款。

第一次世界大战的起源可能会由以后几个世纪的历史学家们去辩论。历史的评判或许是有道理的，即在所有的交战国当中，德国和它的盟国负有最大的责任。但是历史的真实却不能由国际条

约所确立——尤其不能由战胜国强加给战败国的条约所确立。但是当时的协约国政府为情绪所支配，未能认识到强行使德国承认罪行不能证明任何东西，却必定会引起德国人心中更深的愤怒。德国的学者们开始工作以论证他们的祖国无罪，并天真地相信，如果这能成立，整个条约的框架就会崩溃。在协约国当中，人们也很快就认识到了战争罪行条款的毫无用处。但它从未被正式废除，而是听任它与条约本身一起灭亡。

条约关于战争罪犯的条款（那一章的标题是“罚款”）是更具有直接的现实意义的。其中第一条就是协约国“公开谴责前德国皇帝、霍亨索伦王朝的威廉二世是国际道义和条约的神圣性的最大
破坏者”。前德皇将受到由美国、英国、法国、意大利、日本的5名 47
法官组成的法庭审讯，他们将“确定惩罚”措施。在该条约即将生效之时，协约国正式要求荷兰政府把前德皇（他在1918年11月避难于此）引渡给协约国。如同所预料到的那样，荷兰政府回答说，对他们来说，引渡一个“政治避难者”将有悖国际惯例；几个月以后，该条约的这个最有名的条款之一便被置于脑后了。这是一个幸运的结局。由协约国的公开审讯很可能恢复前德皇在德国失去了的威望，并使他变成一个德国的民族英雄和殉道者。

根据后面的条款，德国同意向协约国军事法庭交出要审判的、在德国被协约国指控为“从事违反战争法和战争习惯法的行动”的任何个人。无论怎样合理的解释，值得怀疑的是，是否能够实施这个条款而又不会引起德国的革命。但是当人们发现协约国准备的名单中包括皇太子、兴登堡、鲁登道夫以及几乎在战争期间德国方面的每一个重要人物的名字时，迸发出的愤怒情绪是如此激烈，以

致使协约国根本不可能遵照这个名单提出自己的要求。德国与协约国政府经过长期的争吵之后达成了妥协，根据这一妥协，德国政府同意把 12 名被告（他们被指控涉嫌有明确的彰明较著地违反战
48 争法行为）带到设在莱比锡的德国最高法庭，协约国政府则作为起诉人。审讯于 1921 年进行。6 名被告被定有罪，并被判处有期徒刑。以后就再也没有听到有关该条约的这些条款的消息了。如果在群情激昂的日子里，协约国政府同意做出相应的安排，而且如果他们自己也愿意把被德国政府指控犯有同样违法行为的他们自己的任何国民交付审讯，那么整个诉讼程序或许会成为一种有价值的创新，并且会成为人类要求使国际法成为一种现实有效的法律的保证。

裁军和非军事化

协约国将要求使他们战败的敌人尽可能长时间地失去军事行动的能力，这是他们的胜利所带来的自然而必然的结果。在停战协定中，德国已经交出了它的大部分舰队和重型大炮。该条约对德国的军事力量强加以长期的限制。它的陆军被限制在由志愿兵补充的 10 万人之内（禁止征兵），其海军被限于六艘战列舰以及与此相应数量的六艘巡洋舰和六艘驱逐舰。它不能拥有潜水艇、军用飞机和重炮，也不能修建防御工事。允许它保留的每一种战争物资的数量，以及能够生产战争物资的工厂的数量也都受到了严格的限制。协约国的海、陆、空军代表团——其成员人数曾达到近
49 2000 人，驻扎在德国以便监督这些条款的实行情况，直到 1927 年

才最后撤离。德国人尽一切努力逃避严格实行这些措施。可能有相当数量的战争物资由于被隐藏起来而免遭销毁；而且在每个地方都进行着秘密的准备，以便在一旦放松控制时重建德国的军事力量。但是从整体上来讲，可以这样说，到 1924 年，德国裁减军备的程度比起近代史上任何有案可查的裁军都更为严厉也更为全面。

要记住的是，根据凡尔赛条约，莱茵兰不仅永久非军事化，而且被协约国占领 15 年。占领区的民政管理仍留在德国当局手中。但是一个由法国、比利时、英国和美国的代表所组成的协约国之间的最高委员会，有权就协约国的军队"为确保给养、安全和必需品供应等需要"发布公告；而且这些公告具有法律效力。尽管美国没有批准这个条约，但是美国的军队仍然在莱茵兰待到了 1923 年，而且美国的委员继续出席最高委员会的会议，尽管他没有表决权。

联合占领莱茵兰第一次把英法对德国态度的潜在分歧表面化了。这种分歧是自 1920 年以来欧洲政治生活中最令人不安的一
个因素。在战争结束时，伦敦的反德情绪完全像巴黎一样强烈；而 50
且凡尔赛条约中的一些最令人反感的条款，即使不是英国政府授意提出的，也是英国政府全心全意地加以批准的。但是这种情绪在英国方面很快就减少了。当法国甚至对一个战败的德国都感到担忧时，德国舰队的毁灭却使英帝国获得了一种十足的安全感。英国不愿看到任何一个大国在欧洲大陆处于垄断地位是出了名的；而且允许法国将德国屈辱地完全踩在脚下将有违于这种传统。英国的历史悠久的以公平合理和骑士精神对待一个战败国的原则，与法国渴望完全合法地从德国身上榨取条约所规定的最后一

磅肉的心态，是相互冲突的。当占领莱茵兰南部的法国军队在一块怀有敌意的土地上摆出一副征服者的神气活现强大无比的样子时，总部设在科隆的英国军队却很快就与德国当地的居民建立了最友好的关系。尽管照理说英国的士兵是不受欢迎的客人，但是从整体上讲他们又使自己成了极受欢迎的人；而且人们不断注意到，英国的士兵也发现与他的前敌人的交往比和他的前盟友的交往更加令人愉快。于是发生一系列插曲的条件已经成熟，而这些插曲将在法国和英国的对德态度中打入一个楔子。

这些插曲中的第一个事件就是在法国的占领军中雇佣了一支黑人部队。法国的传统并不承认种族歧视，而且法国当局也不太可能故意派黑人士兵去莱茵兰以使德国人民受到进一步羞辱的打
51 击。但是德国人却这样看待这件事；并且知道他们自己的种族偏见甚至在更强烈的程度上受到英国和美国舆论的支持，于是他们不失时机地强调这种委屈。“黑色耻辱”以及断言黑人部队有恶劣行为，为德国的媒体提供了大量话题。自战争以来，英国和美国的舆论第一次坚决站在德国一边反对法国。

第二个插曲是法国鼓励的所谓莱茵兰地区的“分离主义分子”的运动。由于未能在和平谈判中成功地强行使莱茵兰脱离德国，现在法国的一些将军和官员便在法国政府的默许下，寻求通过引导当地居民脱离柏林当局并要求成立一个独立的莱茵兰德意志国家的方法达到同样的目的。这个运动几乎纯粹是编造出来的。莱茵兰的大部分地区并入普鲁士已经有一个多世纪了，因此几乎没有一个莱茵兰人妄想得到一种在法国庇护下的假自治。但是法国人找到或是向莱茵兰输入了一小撮德国的叛逆者，他们准备玩法

国的游戏以回报法国支付给他们的慷慨津贴；于是一个表面上的分离主义运动持续了三年。到 1923 年秋天，形势向着丢脸的方向发展。在巴列丁奈特——它不是普鲁士的组成部分而是巴伐利亚的组成部分——当地协约国最高委员会的法国代表宣布承认分离主义分子是一个独立的政府；而为此目的由法国军事当局武装起来的分离主义者赶走了德国官员并接管了当地的行政机关。1924 52
年 1 月根据一次多数投票（法国和比利时反对英国），最高委员会正式承认了巴列丁奈特的“自治政府”。这对英国的舆论和英国政府来说实在是太过分了。于是英国对法国政府施加了强大的压力，在这样的压力下，法国政府只好指示它在莱茵兰的代表们放弃对分离主义者的支持。结果是毁灭性的。整个运动在几个小时之内就崩溃了。在巴列丁奈特的几个主要城镇都发生了骚乱；并且在军队能够介入之前，20 多个分离主义分子就被公众处以私刑。1924 年 2 月以后便没有再听到莱茵兰的分离主义运动的消息了。

在此期间，在德国与协约国之间，以及法国与英国之间互相关系的第三个而且是最重要的事件，便是纠缠不休的赔偿问题。现在我们便转入这个问题。

赔　　偿

在战争过程中，许多国家的民众舆论都强调他们自己反对包含在大部分和平条约中的战胜国强加给战败国的那种用“战争赔款”作为惩罚办法的惯例。协约国政府顺应了这种民意，并在凡尔赛条约中把他们对德国的要求限制在“对协约及参战各国的国民

和对他们的财产所造成的所有损失进行赔偿”的范围之内。但是
53 这只是一种没有实际意义的让步；因为很快就清楚的是，德国的资源甚至连支付这种赔偿也是不够的。在规定由战败国要支付给战胜国赔款这一问题上，凡尔赛条约和以前的和平条约的重要区别就在于，凡尔赛条约本身并没有规定赔款的总数。这个问题留给了协约国的一个委员会，被称为赔款委员会，去草拟赔款清单并决定支付它的形式。赔款总额将在1921年5月1日决定，在此之前德国应先支付的数额为10亿英镑。人们预期最后的支付至少要拖延30年才能完成。

在凡尔赛条约签订之前的协约国与德国代表团的互换照会中，协约国同意考虑德国可能提出的任何“一揽子解决它的全部债务”的建议，这样一个建议将取代赔款委员会所建议的数额。对这个建议可能规定的条件的讨论，以及对德国希望“以实物交货（特别是以煤炭交货）”——德国希望以此免除先支付10亿英镑——的讨论，是1920年有关赔偿问题讨论的主要内容。当年7月在斯帕召开会议，德国总理和外交部长第一次以平等的身份在圆桌会议上与主要协约国的部长们一起开会。但是他们之间达成的唯一协定是确定在以后的6个月中关于实物交付煤炭的决定；而由斯
54 帕会议在赔款问题上做出的重要决定是作为协约国自身内部的、迄今为止从未兑现的分配额。法国将获得赔款的52％，英帝国为22％，意大利为10％，比利时为8％，余额则留给其他较小的协约国之间进行分配。鉴于比利时受到的损害特别严重，将有权优先获得1亿英镑。

德国政府对“赔款总额”的看法和协约国政府指望德国人会明

智地提出的“赔偿总额”的看法之间分歧太大，以致双方未能达成一个协定；于是1921年3月，以德国未能完成预先规定的赔款的支付以及未能实施某些裁军条款，协约国的军队占领了莱茵河东岸的三个城市——杜塞尔多夫、杜依斯堡和鲁尔奥尔特。1921年4月27日，根据凡尔赛条约，赔款委员会决定德国的赔款总额为66亿英镑。至此在协约国中也终于形成了更为明智的看法，即认识到德国只能支付这个巨大账单中的一小部分。尽管协约国政府还没有足够的勇气公开宣布放弃他们要求的任何部分，但是德国的债务被分成了三个部分，并用“A”、“B”、“C”三种债务来表示。“C”种债务的总数为40亿英镑，由赔款委员会掌握，直到德国拥有支付能力之后才兑现，于是整个债务的2/3就这样被无限期地搁置起来了。至于其他部分，协约国政府草拟了一个“支付时间表”，根据这个时间表，德国应当每年支付一亿英镑，再加上它的全 55
部出口价值的25%。协约国把这个时间表交给德国政府时附有一个最后通牒，即如果到5月12日德国仍不接受，协约国的军队将占领鲁尔盆地，这是德国冶金工业的心脏，是它的80%的煤炭和钢铁工业的所在地。德国爆发了内阁危机，并于5月11日接受了这一要求。

到8月，德国按时间表支付了应付的第一笔分期付款的5000万英镑；不过这注定是它在三年多的时间里的最后一次现金支付。不久德国便陷入了通货危机的痛苦之中，到1920年年中，马克已经从它的正常值——20马克兑换1英镑下降到约250马克兑换1英镑。上述比价保持了一段时间，这主要是受到了外国投机分子的支持，他们轻率地认为终有一天马克会回升到它最初的比价。

但是1921年夏天，形势就已经很明朗，德国将需要大量的外币才能按照时间表履行它的义务，马克重新开始了它的下跌过程。11月，马克跌到了1000马克兑换1英镑的地步；而到了1922年夏天，马克的下跌速度则是迅速而灾难性的。

到此时，各国的财政专家们都承认德国用现金支付赔款的能力已经完全枯竭了。马克对协约国已经一文不值；而且德国政府即使有支付的愿望，也没有办法去购买其他的货币。英国政府要
56 求对德国的所有现金支付给以两年的延缓期。法国的公众舆论则拒绝接受债务人能够因此而逃避它应当承担的义务，却让战胜的协约国去承担能压死人的巨大的战争费用和重建的负担。法国政府的欲望受到了1921年最后通牒的刺激。如果协约国占领鲁尔区，不仅会增加法国的安全，而且德国工业的巨大利润也会通过强制手段而流入协约国的国库。这个计划被似是而非地说成是一种“生产保证”（或“产品抵押”）政策，并证明对一些法国的政治家们具有不可抗拒的吸引力，普恩加莱便是其中之一。1922年12月，德国由于一个小差额而未能完成已经达成协议的实物支付计划；于是赔款委员会在反对英国代表的提案的同时，宣布德国是“故意违约”。这个做法的重要性就在于凡尔赛条约的这项条款，该条款使协约国有权“在一旦德国故意不履行条约的情况下”采取“各自政府认为是必要的那些措施”。

现在法国人决心进行尝试的方式是很清楚的。1923年1月11日，在企图获得英国政府的合作或至少是同意的努力徒劳无功之后，法国和比利时的军队开进了鲁尔。德国政府宣布实行消极抵抗政策。禁止德国人以任何方式与入侵者合作，并停止一切无

偿支付的赔款和实物。法国人则以各种方式进行反击,并在占领的和非占领的德国领土之间画了一条线,不许任何货物通过这条线。占领区的不服从的官员和工厂主被赶走或被关押;还成立了 57
一个机构从鲁尔区的工业产量中榨取赔偿。

英国政府认为法国和比利时的这种孤立行动是违反条约的行为,它的借口并不充分而且没有获得协约国的批准;而且英国也不相信用这种方式获得赔偿支付的效力。法—英关系明显地紧张了。在莱茵兰的形势也变得极其困难。1923 年几乎所有的最高委员会的决定都是由反对英国的多数票做出的;至于来自鲁尔占领军的〔法、比占领军的〕决定,英国占领区的当局则拒绝执行它们。

占领鲁尔使德国的整个经济生活陷入停顿。在法国方面,从鲁尔运出的煤和铁也不足以支付占领行动的费用。在德国方面,最直接的后果是德国财政的完全破产。在占领前夕,马克已经跌到 35000 马克兑换 1 英镑,整个 1923 年下跌一直在继续,其价值有时隔一天就缩水一半。外国人用他的"硬"通货以这种荒谬的汇率兑换马克,用几个便士就能在德国奢侈地过一天,用几个先令就能周游全国。到 1923 年底之前达到 50 兆马克才能兑换 1 英镑。

毫无疑问的是,马克的最初下跌是由于德国政府没有能力控 58
制的因素——战争引起的经济混乱,国家机器的无序运转,以及最后协约国的要求。然而一旦这个过程继续进行,德国当局很快就放弃了努力去阻止它。数额巨大而又没有明确规定的赔款债务使德国不可能让其财政机构正常运转;并使它以任何认真的努力去这样做的愿望成为泡影;因为它的财政越是正常运转,它就越是要更多地去支付赔偿。德国当局以冷酷的满足感注视着马克的下跌速度，他们认为随着马克的下跌被冲走的是协约国最后的赔款希望。这个过程的最后阶段提供了“通货膨胀”这个词的严格意义上的典型事例，即无限制地印刷纸币，不计后果地保全对眼前资金的需求。

对德国来说，通货膨胀是比凡尔赛条约更大的灾难。每一种抵押契约，每一种带有固定利息的投资，每一种以马克结算的银行账目，都变得一文不值。所有的储蓄都被一笔勾销。这种打击最严重地落到了中产阶级头上。贵族尽管已经穷困，但仍然拥有他的土地、他的牲畜和他的房屋。一小部分实业家和投机商人从通货膨胀中发了财。工人阶级习惯于现挣现吃的生活，他们根本也没有什么可以失掉的东西；并且为了适应价格的增长而对工人工资的调整速度比对职员和官员们的工资调整速度要快。中产阶级则失去了他的积蓄，这就剥夺了使他高于无产阶级的地位之上的
59 那一点点差距，并使他因此而遭受了失去其社会地位的所有耻辱。他看不起工人阶级，尽管他自己已经降到了工人阶级的水平，他也轻视犹太人，他们（在大多数情况下错误地）认为犹太人是通货膨胀的暴发户。从这种被剥夺和被降低了身份的中产阶级当中，总有一天纳粹党将会从中吸收它的大部分新党员。

无论如何，使德国完全崩溃的鲁尔占领也是战后欧洲历史的转折点。到 1923 年 9 月，德国的抵抗已经崩溃。在柏林，一个新的内阁刚刚掌权，古斯塔夫·斯特莱斯曼，一位迄今不为海外所了解的政治家，成为总理和外交部长；于是结束“消极抵抗”的任务便落到了斯特莱斯曼的肩上。但是这种退却并没有解决协约国政府

的问题。在按照任何认真考虑的数额重新开始支付赔款之前，显然将不得不彻底审查德国的财政情况；于是在该年年底美国同意与英国、法国、比利时和意大利政府一起任命一个“专家”委员会，它将完全从经济的而非政治的角度去考察使德国的财政机构正常运转的方法。为了避免刺激法国的敏感问题，在该委员会的审查范围里没有提到必须考虑德国支付赔款的能力问题。但是每个人都知道这是什么意思。美国“专家”道威斯将军是这个委员会的主席，而他则是在该委员会被称为道威斯委员会之后才为人所知的。该委员会于 1924 年 1 月在巴黎开始了它的工作。

斯特莱斯曼作为外交部长（他很快就放弃了总理职务而使自 60
己专心于外交事务）以及道威斯委员会的成立是预示着时代精神正在改变的三个事件中的两个。第三个事件发生在法国。法国人民也开始认识到占领鲁尔是一个代价昂贵的错误，而且德国的破产就意味着“生产保证”政策的破产。法国自身也受到财政危机的威胁，越发需要来自德国的大量赔款支付；但是显然要去尝试获得赔偿的某些其他办法。1924 年 5 月的法国大选导致了左派的胜利。普恩加莱的内阁倒台了，代之而起的是赫里欧领导下的激进内阁；而该内阁上台的日子——1924 年 5 月 11 日，可以看做是结束试图通过武力确立和平的战后第一个时期的标志。后来，一些法国人竟然后悔放弃了普恩加莱的不惜任何代价强制实行条约的政策。但是在 1924 年，公众则普遍认为并承认普恩加莱的政策已经失败；而且认为如果继续实行该政策将会引起法国和英国关系的公开破裂。

第三章　欧洲的其他风暴中心

61　在法国与德国之间的争斗占据了欧洲政治舞台的中心时，与这个主要事件几乎没有或完全没有联系的其他冲突，正在欧洲的各个侧翼争斗出结果。这些冲突可以分属于三个标题之下：多瑙河国家，意大利和苏维埃俄国。

多瑙河国家

1914 年以前，中欧，或者更严格地限定为多瑙河流域的中部，是拥有 5500 万居民的奥匈两元帝国，在该国与黑海之间是小国罗马尼亚。战后多瑙河流域包括 5 个国家，按人口多少依次为南斯拉夫，罗马尼亚，捷克斯洛伐克，匈牙利和奥地利。这种面目全非的重新安排导致了海关关卡的林立和经济生活的混乱，而多瑙河国家从未完全从这种情况中恢复过来。在 1920－1924 年这段时期内，南斯拉夫，罗马尼亚和捷克斯洛伐克受到法国的保护才得以免遭这种剧变的最糟糕的后果；多亏了法国的军备物资和法国的
62 贷款，它们才得以在这整个时期之内保持了相对强大与繁荣。这些形成小协约国的国家，我们在第一章中已经作了论述。尚待给以一些说明的是多瑙河的两个前敌国：奥地利和匈牙利。

奥地利共和国从一开始就具有人造的性质，这使它的永久存在受到怀疑。它没有要存在下去的民族凝聚力和民族意识。它由旧奥地利帝国的说德语的人民所组成。但是这些德意志人——只要维也纳作为一个讲多种语言的哈布斯堡帝国的首都，他们就是哈布斯堡帝国的忠实臣民——从未指望看到德意志的奥地利成为一个小的独立国家。新的共和国分为两个部分：它的畸形发展的首都——几乎包括了它的全部人口的1/3，其中社会主义者和反宗教的势力占有优势，以及它的受到强大的天主教影响的农村，还有几个倾向于跟随维也纳领导的乡下小城镇。奥地利的主导民意在于它的居民几乎一致的要求与德国合并的愿望，这体现在他们时时进行的非官方的“全民公决”之中。在协约国看来这是一种无声的讹诈。由于协约国（特别是法国和意大利）决心阻止奥地利和德国的合并，因此对它们来说，必须使一个独立的奥地利有足够存在下去的理由。

因此，这是一种政策而不是一种怜悯，这种政策就是要使奥地利成为从协约国政府领取养老金的人。首先，邀请中立国的合作建立了一个“国际救济委员会”；奥地利的“赔款委员会”也放弃了由圣日耳曼条约赋予它的首要责任“在于对奥地利的所有资产和
国家收入”的第一管理权，以便使发行以这些资产和收入作为担保 63
的“救济债券”成为可能。1919－1921年间，奥地利政府以“救济信贷”的形式获得了大约2500万英镑。然后协约国政府打算把整个问题交给国际联盟；而且在来自英、法、意、捷等国的大量贷款使奥地利的经济继续保持了几个月的运转之后，国联的财政委员会制定出了一个重建该国的财政、稳定它的货币和发行国际信贷的

完整计划，该计划于 1922 年 10 月为奥地利政府所接受。贷款议定书包括重要的政治条件。奥地利不仅重申在圣日耳曼条约中承担的义务，即没有国联行政院的允许不得“转让它的独立”，而且保证不加入与其他国家的可能危及这种独立的经济协定。在这个议定书的基础上，一笔票面价值为 3000 万英镑的对奥地利的贷款于 1923 年春天得以向 10 个国家的投资界发行。这笔贷款由英国、法国、意大利和捷克斯洛伐克以及一些中立国的政府根据某种比例给以保证，而且到处都被大大地超额认购。这种辉煌的成功不仅在几年内解决了奥地利的问题，而且为以后在国联的主持下向其他欧洲国家发行贷款提供了一个先例。

匈牙利实际上比奥地利处于更好的状态。它几乎失去了战前
64 的一半人口和一半以上的领土。但是这在某种意义上成了力量的源泉；因为它现在没有对政府不满的异族人民。在经济上，匈牙利是一个富有的农业国。按比例计算，它的城镇人口不算太多。在政治上，大部分的民主形式得以维持。但是真正的权力掌握在由大小地主组成的统治阶级手中，他们既控制军队又掌管政府。匈牙利农民的生活条件比任何其他现代的欧洲国家都更接近于农奴的地位。城市里的工人阶级不但人数很少也没有组织；而且在 1919 年的一场流产的共产主义革命——当时贝拉·库恩控制布达佩斯近 5 个月——之后，任何形式的革命宣传都被严厉镇压。

自和平安排之后，匈牙利是仅次于德国的、对强加给它的条款极其愤怒并决心一有机会就废除它们的国家。这种决心使它成了由于特里亚农条约而获得了匈牙利领土的三个国家——捷克斯洛伐克、罗马尼亚和南斯拉夫——担心的目标，而且正如我们所知，

这是组成小协约国的原因。但是小协约国还为其他的恐惧所困扰。1918 年 11 月废黜了最后的哈布斯堡王朝的国王卡尔四世，但是这并没有破坏匈牙利人民对他们的君主的传统忠诚。新的匈牙利宪法在形式上是君主政体；它的国家首脑的称号是摄政，这暗含着以后复辟的希望。另一方面，被割让的领土斯洛伐克、特兰西瓦尼亚和克罗地亚的居民，尽管他们或许并不热爱他们从前的匈 65
牙利主人，但是也认为要保持对哈布斯堡王朝的缠绵不去的忠诚；于是小协约国政府也因此而担心哈布斯堡王朝在匈牙利的复辟会成为他们新的国民中潜在的骚乱根源。

小协约国的紧张并非没有根据。1921 年冲动而鲁莽的卡尔曾经两次尝试夺回他的匈牙利王位。每一次他都未经通报就从他的居住地瑞士来到匈牙利，并显然确信整个国家将增加对他的支持。但事实上，匈牙利政府并不打算面对一场因哈布斯堡王朝的复辟而将导致的与小协约国的战争；因此卡尔的出现对他们来说是一种严重的进退两难。第一次，他被劝说而悄悄离境。第二次，他被逮捕并交给了协约国处理，协约国将他送到马德拉群岛，从此他就在那里生活。匈牙利政府在协约国的压力下被迫通过了一项法律，即从匈牙利的王位上永远排除哈布斯堡家族的成员；而卡尔的越轨行为的唯一结果，是小协约国的一次引人注目的力量与团结的示威。六个月之后卡尔死于马德拉群岛，留下九岁的男孩奥托大公作为他的继承人。显然，在以后的若干年中，中欧将不再为哈布斯堡问题所烦恼。

现在重整财政的道路已经开通。国联对奥地利发行贷款的成功提供了一种相似的援助匈牙利的办法，尽管匈牙利的财政形势

66 不像奥地利那样严重，但是也被战争和革命搞得混乱不堪。1923年国联的财政委员会拟订了一个重建计划；第二年春天，便成功地向八个国家的投资金融界发行了1200万英镑的对匈牙利的贷款。它与奥地利的贷款有一个重要的区别：没有国际保证；对这笔贷款的唯一保证是匈牙利政府的信誉。

意　大　利

意大利是制定和平条约的五个“主要协约及参战国家”之一。然而像日本一样，它的欲望被战争的结果所刺激，却没有得到满足；因此在随后的整个时期内，意大利必定像日本和前敌国一样，被列为心怀不满的和“制造麻烦的”国家当中。这种不满情绪成了国际事务中的非常不安定的一个因素，所以我们必须对它不满的原因给以一些说明。

首先，意大利像德国一样，在1870年才形成了它现在的政治版图。1848年的意大利半岛仍然分为八个不同的国家，而意大利的统一只是几个热衷于此的人的梦想。19世纪到20世纪，意大利仍然处于骚乱与冒险的青年时期。它还没有养成古老国家的令人尊敬的热爱和平的传统。它只记得它是通过为统一而战斗才赢得了它的统一；因此它仍然指望通过战争去扩大它的权势和它的领土。如果问为什么意大利从一开始就不像其他大国那样忠实于
68 国联，那么一个回答就是，如果国际联盟在19世纪就存在，而且如果它的盟约得到遵守，那么意大利就决不可能成为一个国家。

其次，意大利的不满存在特殊原因。意大利在1915年加入协

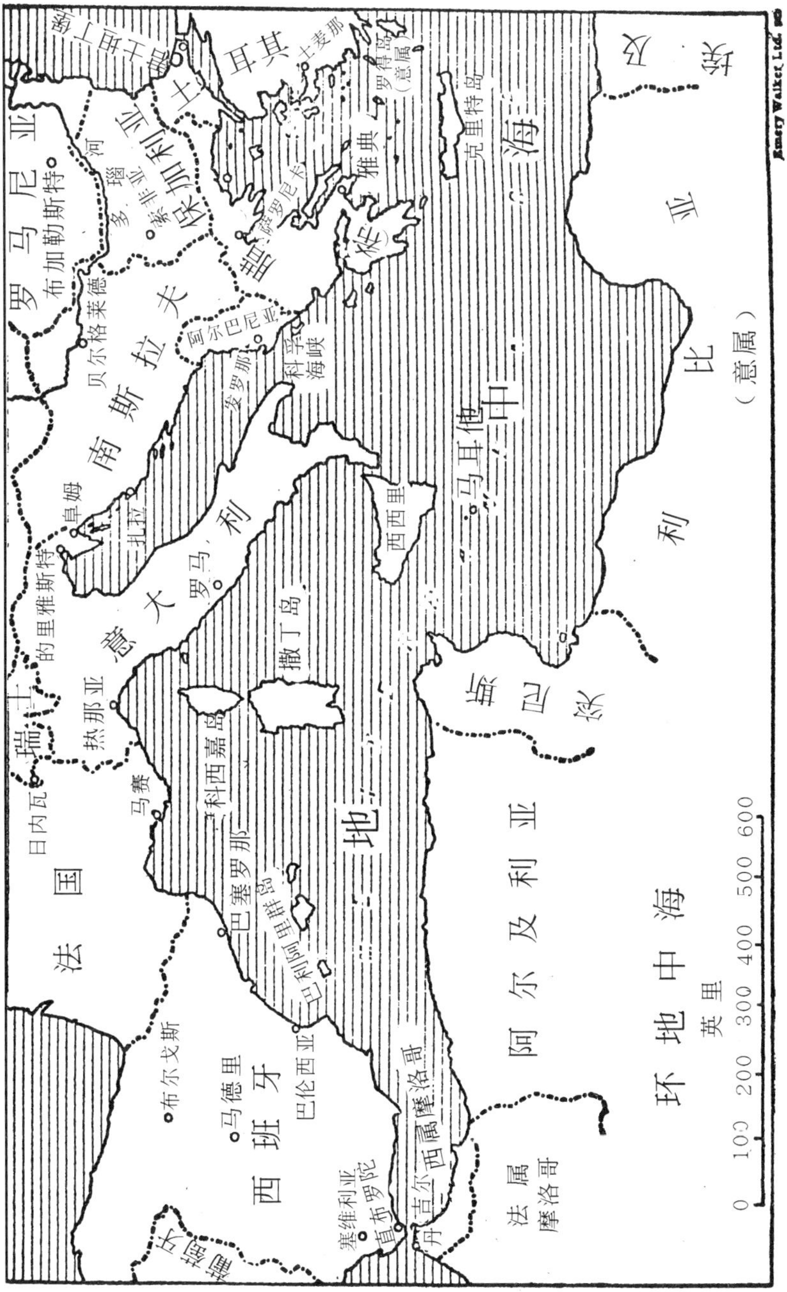

罗马尼亚
布加勒斯特
多瑙河
保加利亚
索非亚
土耳其
士麦那
罗得岛(意属)
雅典
希腊
萨罗尼卡
克里特岛
南斯拉夫
贝尔格莱德
阿尔巴尼亚
科孚海峡
安罗那
阜姆
扎拉
的里雅斯特
意大利
罗马
西西里
马耳他
地中海
利比亚
(意属)
突尼斯
瑞士
日内瓦
热那亚
马赛
科西嘉岛
撒丁岛
法国
巴塞罗那
巴利阿里群岛
巴伦西亚
西班牙
马德里
布尔戈斯
塞维利亚
直布罗陀
丹吉尔
西属摩洛哥
法属摩洛哥
阿尔及利亚
环地中海
英里
0 100 200 300 400 500 600
Emery Walker Ltd.

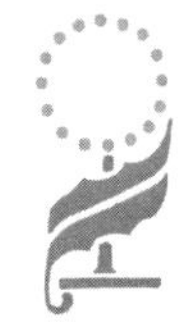

约国的时候向协约国勒索给它的价码。根据伦敦密约，协约国同意意大利将在和平安排中从奥地利获得由德意志人居住的南蒂罗尔、的里雅斯特和它的腹地以及达尔马提亚海岸，这里（除了的里雅斯特城之外）主要由斯拉夫人居住。这笔交易明目张胆地违反了民族自决原则。这个原则是 1918 年由威尔逊总统提出并为其他协约国所接受而作为和平的基础的。威尔逊拒绝承认伦敦密约。法国和英国在忠诚于威尔逊的原则和忠诚于它们的签字之间存在分歧；于是在和平会议上便发生了长期的争吵。威尔逊对南蒂罗尔让了步，以牺牲一个敌国为代价做成了对那个地区的交易。但是他对新的南斯拉夫国家作为竞争对手而提出要求的那个地区[①]是无情而不妥协的。由于意大利将它的要求扩大到阜姆从而破坏了它自己原来的要求，因为伦敦条约并没有同意把阜姆让给它；当这个要求在巴黎遭到拒绝后，1919 年 9 月一支非官方的意大利军队在诗人邓南遮的率领下，并且是在意大利政府佯装不知情的缄默情况下夺取了阜姆。1920 年初，协约国不再管意大利和南斯拉夫的边界争端之事，而是让两国自己解决这个问题。双方
69 的谈判拖延了几年并经历了许多阶段。法国因支持南斯拉夫而招致了意大利的深深仇恨。直到 1924 年才达成了最后的协定。意大利把除了扎拉港（Zara）以外的整个达尔马提亚海岸让给南斯拉夫，而在其他地方，它获得了比伦敦密约有利得多的让步，包括拥有阜姆城。

与此同时，意大利和南斯拉夫——在此之前它们的关系已经

① 指的里雅斯特港及其腹地。——译者

在慢性恶化——在阿尔巴尼亚问题上又发生了新的争端。1913年阿尔巴尼亚就被承认是一个独立国家。但是在战争期间它陷入了全面的混乱。根据伦敦条约，同意意大利将获得发罗那港并将负责指导阿尔巴尼亚的外交关系；到战争结束时意大利几乎已经占领了整个阿尔巴尼亚。但是无论是面临来自阿尔巴尼亚国内的反对还是面临来自南斯拉夫人的反对，意大利人都不可能保持这种占领，南斯拉夫人把意大利在亚得里亚海东海岸的军事存在视为对他们自己安全的威胁。1920年意大利的军队撤退了，而阿尔巴尼亚则被允许作为一个独立国家进入国际联盟。

但是仍然存在一个微妙的问题。作为意大利放弃它在伦敦条约中的利益，它要求协约国承认它在阿尔巴尼亚事务中的“特殊地位”。1921年11月，在巴黎接替协约国最高委员会的协约国大使会议，作为协约国政府的主要机构，通过了一项解决方案，其中宣布，一旦出现任何对阿尔巴尼亚独立的威胁，英国、法国和日本政 70
府将指示它们在国联行政院的代表，建议把维持这个国家独立的任务委托给意大利。无论如何，这个决议即使在形式上也不具有实际意义。这的确是一件荒谬的事。因为唯一可能威胁阿尔巴尼亚独立的大国就是意大利自己。但是意大利将这一点解释为承认它有权干涉阿尔巴尼亚的事务并把任何其他国家排除在外；于是这种声称的权力就成了南斯拉夫经常不断的愤怒和担忧的根源。

伦敦条约的第三款也使意大利产生不满，并助长了它的那种认为自己并没有得到其盟国的公正对待的情绪。该条款规定，一旦英国和法国以牺牲德国而增加了它们在非洲的殖民地，意大利也将获得公平的补偿，办法是在它现有的非洲殖民地和毗邻的英国和法国的殖民地之间做出有利于意大利的调整。这种承诺相当含糊，并为解释它留下了很大余地。直到1924年意大利和英国之间才达成了一个协定；在履行该协定规定的义务的过程中，朱巴兰的领土从英国的殖民地肯尼亚转让给了意大利的索马里兰。事实证明意大利和法国之间达成协定是困难得多的。1919年根据伦敦条约第三款在北非的边界修改并没有使意大利的广泛要求得到满足；而且意大利的不满一直持续到1935年，那时在法—意关系中又注入了另一个有害的因素。

71 1922年10月，当时意大利—南斯拉夫的边界问题尚未解决，而意大利的政府形式却发生了重要变化。它的民主政权由于未能维护国内秩序而丧失了威信，并被法西斯党所推翻；于是意大利在法西斯党的领袖本尼托·墨索里尼的个人独裁统治下度过了20多年。这个事件具有两方面的国际影响。从民主向独裁的变化很快就被其他几个欧洲国家所效仿，第一个效仿的就是西班牙；而墨索里尼的上台也预示着一种更具侵略性的意大利外交政策。无休止的不满情绪曾经是战后民主制的意大利外交政策的特征。而在墨索里尼的统治下，在意大利决心利用其他大国的需要和困境为意大利自己牟取利益方面，这种不满则变得更加野心勃勃，更加一意孤行，更加为自己打算。

墨索里尼很快就让欧洲尝到了他的本事。1923年8月，希腊的暴徒打死了划定阿尔巴尼亚与希腊边界委员会中的意大利代表和他的三个助手。意大利的舰队立即炮轰了科孚岛，打死了几个平民并占领了该岛，还要求赔偿损失——这一要求得到了在巴黎的大使会议的支持。希腊完全被吓坏了，而且由于首相文尼泽洛

斯的倒台，希腊在欧洲没有一个朋友，于是便贸然地同时将此事诉诸国际联盟和大使会议。这种裁决机构的不一致使墨索里尼能够
宣布他不承认国际联盟的司法权。后来通过私下的谈判达成了一 72
个协定，根据该协定，在设于海牙的国际常设法院就意大利要求的合理性进行裁决期间，希腊将把5000万里拉的保证金交由该法院保管。但是，在最后时刻意大利政府拒绝了这种解决办法；而希腊在大使会议的压力下，被迫把这笔赔偿直接支付给了意大利。这些行为显示出来的意义在于：协约国政府并不准备通过国联或其他途径对它们的一个伙伴提起诉讼以保卫一个小国。

苏　　联①

过去作为俄罗斯而为人所知的这个国家，1923年的正式名称是苏维埃社会主义共和国联盟，在1918年以后的年代里，该国必须被列入欧洲政治生活中使人不安的国家的行列，尽管是出于完全不同的理由。直到1920年，内战才告结束，在内战中反对苏维埃的武装力量曾得到英国、法国、日本和（在短期内得到）美国政府的积极支持。在以后的许多年中，苏维埃政府和协约国之间的关系继续带有相互敌对和互不信任的特点。这种敌对是固有的和不可避免的。自宗教改革以来，欧洲国家已经把它们自己并相互看成是完全独立的国家单位。通过在另一个国家的人民中散布不满

① 严格地说，苏联这一名称是在1924年1月宪法批准之后才开始正式使用的，因此在此以前都应当称为“苏俄”。但作者在叙述1924年以前的历史中，多次使用“苏联”一词。为了避免繁琐，本译文照译。特此说明。——译者

73 情绪去破坏那个国家的安全，在战争期间或许可以被认为是一种权宜之计，但这是完全有悖于正常的国家关系的原则的。苏维埃的理论大胆地反对这些基本的前提。它否认苏联是一个国家单位。它把这个国家看成是与实现共产主义理想相矛盾的过渡的政治组织形式。每一个优秀的共产主义者的责任是把已经在俄国获得成功的同样的革命推广到全世界；而且由于第一代苏联领导人相信除非资本主义在其他地方被推翻，否则革命政府在俄国就不能保持它的存在，因此，在他们的传教士般的热诚中也存在着某种自私自利的因素。

然而，只要资本主义国家继续存在，就需要为了实际的目的而在它们与苏联之间建立某种关系体系。尽管其总部设在莫斯科的“共产国际”(简称“第三国际”)通过它在当地的支部去推翻其他国家的资本主义政府，但是苏联政府——它的领导人也是共产国际的指导者——却努力与这些国家的政府建立正常的外交关系。在整个这段时期内，这种双重政策严重地困扰着苏联当局处理他们与外国的关系。

最初，苏维埃政府只能与它的较小的邻国建立正常的国家关系。苏维埃政府放弃国家野心的真诚体现在它准备承认已经脱离
74 俄罗斯帝国的新组成的国家。1920 年它同芬兰(曾经是俄罗斯帝国下的一个半自治的大公国)、爱沙尼亚、拉脱维亚和立陶宛(它们的领土曾经是俄罗斯的不可缺少的组成部分)签订了和平条约；接着在第二年与波兰签订了条约(见第 35 页)。三个高加索国家——格鲁吉亚、阿塞拜疆和亚美尼亚却不走运。它们当中或许除了格鲁吉亚之外没有一个拥有任何独立的因素。协约国军队的

撤退——在协约国军队的庇护下这三个国家在战争的最后一年已经成立——决定了它们的命运；它们的领土重新回到了苏联和土耳其。1921 年初，苏联与土耳其、波斯[①]及阿富汗签订了友好条约。与波斯和阿富汗签订条约的结果，即使不是故意的，却也鼓励了这些国家抵制英国影响的压力；于是一时间就活像是 19 世纪一样，俄国与英国在亚洲的对抗好像就要重新开始。

列强仍然避开与苏维埃政府建立正式关系。但是不能忽视与苏联进行贸易的可能性（尽管后者拒绝承认沙皇俄国的债务）。1921 年英国与苏俄政府签订了一个商业协定，并派出了一个“贸易代表团”访问莫斯科。这个榜样为意大利所效法；于是到第二年苏联已经有足够的资格被承认作为国际大家庭中的一员，并被邀请出席包括德国在内的所有欧洲国家的经济会议，这个会议于 75
1922 年 4 月在热那亚召开。英国首相劳合·乔治希望利用这个会议使苏联和其他国家签订一个协定。但是由于法国和比利时代表团的不妥协态度而使这个希望破灭了，他们坚持要求苏俄政府承认俄国战前的债务作为与苏俄进行任何谈判的条件；而该会议的唯一结果是它的召集者既未预料到也不希望发生的。在该会议召开一个星期之后，德国和苏联的代表团私下在一个离热那亚几英里的海滨胜地拉巴洛会晤，并在两国之间签订了友好条约。该条约的条款并不重要。但它的签订是一个重大事件。条约使苏联获得了一个大国对它的最早的正式承认；而且该条约也是德国第一次企图冲破凡尔赛各国对它的包围圈的明显努力。协约国对这

① 今伊朗。——译者

个条约表示愤怒是可以理解的。但是，这正是它们自己把德国和苏联作为下等国家来对待的政策所产生的直接后果。两个被排斥的国家自然联手；而拉巴洛条约在这两个国家之间确立的友好关系则持续了10年以上。

现在英国对苏联的政策不幸地变成了一种政党政治的打羽毛球的游戏。热那亚会议之后不久就发生了劳合·乔治下台的事件，其原因被部分地归咎于他“与布尔什维克调情”的政策。接下来上台的保守党政府认为需要采取更为强硬的路线，而作为对保
76 守党政策的反应，于1924年2月上台的工党立即同意正式承认苏联政府。整个夏天谈判一直在伦敦进行；8月，英国和苏联代表签订了一个协定，规定相互放弃未解决的问题并给苏联政府一笔保证贷款。

与此同时，反对工党对苏联的态度成为保守党政纲中的主要内容。1921年的贸易协定包括一项条款，根据这项条款，苏联政府保证制止在英帝国领土上的任何形式的革命宣传。无论是保守党还是工党政府都不接受苏联的观点，即苏联政府和共产国际是两个完全独立的实体，而且不能认为后者的行动是对上述保证的破坏的观点。1924年夏天，保守党不断通过将注意力吸引到共产国际在英帝国中的宣传的方法使工党政府陷入困境；而且在1924年大选前夕，一份保守党的报纸公布了一封声称是来自共产国际主席季诺维也夫的信件，信中他对英国共产党如何引导在英国的共产主义宣传给以指导。苏联政府坚决否认这封信的真实性。但是人们普遍相信确有此信，这有助于保守党获得压倒多数的选票。
77 这个事件，以及保守党政府重掌政权，便破坏了批准夏天谈成的协

定的全部可能性。英国和苏联的关系再次紧张了，尽管并没有实际的破裂。

然而，这种紧张关系并不是 1924 年底苏联的国际处境的象征。英国对苏联的正式承认为意大利、法国、日本以及大多数欧洲国家所效法。美国是唯一仍然拒绝与苏联政府发生任何关系的大国。另外自 1924 年 1 月列宁逝世以后，在苏联方面也存在着在党的纲领中将世界革命置于第二位的明显倾向。有关“季诺维也夫信件”事件的最重要的方面是在苏联的每个人都渴望否认它的真实性；因为无论是真的还是假冒的，在这封信中都不存在与迄今为止苏联领导人宣布的政策相抵触的东西。1924 年开始的托洛茨基与斯大林之间的权力之争其关键正是在这一点上。托洛茨基坚持传统的理论，即苏联政府在资本主义世界中不可能无限期地保持它自己的存在，因此继续革命是苏联行为的主要目的。斯大林则主张新的政策，该政策最终被人们称为“一国建成社会主义”的政策。1927 年将托洛茨基开除出共产党的行动就是向世界宣布这个政策取得了胜利，而且尽管没有正式放弃世界革命的希望，但是将不允许它干扰苏联和资本主义国家之间建立正常的关系。于 78
是，苏联终于接受了国际关系的基本原则，那么它完全回到国际社会便只是个时间问题了。

第二部分

和解时期：国际联盟（1924—1930）

第四章　和平的基础

两次世界大战之间的欧洲历史的第二个时期——和解时期，81
是从解决曾在第一个时期引起最大烦恼的两个问题开始的，即赔款问题和法国的安全问题。1924 年和 1925 年找到的解决这些问题的办法——“道威斯计划”和洛迦诺公约——是不完备的，而且正如我们现在所知，是短命的。但是在随后的 5 年之内，它们作为最后的解决办法而被接受；而且，尽管这些条约的所有不确定性和缺点一直存在，但是这些年也是战后欧洲的黄金时代。

道威斯计划

1924 年 5 月 11 日正是法国的大选日，这一天赫里欧成为法国总理，而道威斯委员会也刚好在这一天向赔款委员会提出了它的报告。在德国，外交部长斯特莱斯曼已经成为政治生活中最有影响的人物。在英国，拉姆齐·麦克唐纳的工党政府掌权。这三位政治家现在开始认真工作，根据道威斯计划的方针来解决赔款问题。

道威斯委员会首先要解决的问题是重建德国的通货，很明显，82
没有这一点，德国对外国的支付就根本不可能。到 1923 年底，德国的马克实际上已经一文不值，德国政府临时在旧的 20 马克兑换

1英镑的比价上发行了一种新的货币，称为“地产抵押马克”①。但是除非有某些纯金储备或者外国资产能作为对它的支持，“地产抵押马克”是不稳定的。道威斯委员会建议在同样的兑换价上创建一种新的马克，即“德国马克”，它将由一个独立于政府的货币发行银行所控制。

以确立稳定的货币为先决条件，该委员会认为德国便能够根据赔款账单向协约国支付赔款，从第一年支付5000万英镑开始，然后逐年增加，从第5年开始达到标准为最高1.25亿英镑的数目。这些赔款的抵押品将采取三种形式：国家铁路债券，德国工业投资债券以及关税和对酒、糖及烟草征收的国家税收的收入。然而，由于唯恐这些赔款支付会再次扰乱外汇市场，该委员会建议，这些赔款应由德国以马克的形式准备，而把赔款总数兑换成外币的责任应当是协约国政府的权限。为了确保这些安排的顺利运作以有利于债权国，赔款委员会将有权任命协约国的特派员到发行银行董事会、铁路和受控制的岁收（即已经指定了用途的税收）的
83 管理部门中；而且要有一个“赔款支付事务总管”来负责整个计划。最后，有两个对这一计划的成功必不可缺的条件：必须放弃鲁尔的占领，使德国恢复对它的全部领土的经济控制力；以及德国应当获得4000万英镑的外国贷款，其目的有两个，即提供货币储备金并有助于它支付第一年的款项，这笔款项将在该计划有时间体现出它的好处之前付清。

在麦克唐纳与赫里欧之间进行了初步讨论之后，“道威斯计

① 又称“地租马克”，是一种值1金马克的纸币。——译者

划”被提交给 7 月和 8 月在伦敦召开的一个会议，斯特莱斯曼也出席了这个会议。在新的和解气氛中，该计划在没有太多困难的情况下被接受，尽管还有许多复杂的细节需要解决，而且念念不忘鲁尔的德国人寻求并获得了一个保证，即除非在蓄意大规模违约的情况下不得再次强行惩罚。10 月，给德国的贷款得以发行，而且（除了法国，在那里它由银行私下认购）到处都超额认购。美国认购了这笔贷款总数的一半多，英国认购了 1/4 强，法国、比利时、意大利、瑞士和瑞典认购了其余部分。尽管道威斯计划的贷款并没有在国联的主办下发行，但毫无疑问，国联对奥地利和匈牙利贷款的先例实际上有助于它的成功。11 月中旬，法国和比利时军队最终撤出了鲁尔。

道威斯计划有许多优点。它限制了它对德国赔款总数的要 84
求，对德国来说，这个总数在有利的条件下或许是有能力支付的，尽管需要满足法国的愿望可能鼓励了专家们失之乐观。道威斯计划把支付问题和外币兑换问题分开，并把后者留给债权国去处理。它给债权国以某些具体规定的国家收入的担保——而不是对德国资源的一种模糊的全面征税。尤其重要的是，道威斯计划使赔款脱离了政治争论的领域，而把它当成是一个普通的商业债务来对待。道威斯计划使整个赔款问题脱离了不能令人满意的赔款委员会的控制，并保证将从一种公平的、非政治的角度来对待它，更特殊的是该计划的“赔款支付事务总管”将是一个美国公民。

在这些方面，道威斯计划对任何以前发生的事情来说都代表了一种如此巨大的进步，因此它受到热情的欢迎是不难理解的。但是它也有严重的缺点。它规定了年度支付额，但它未能规定它们的持续时间，也没有对德国负债总额作出任何宣布；因为在这个时期没有一个法国政府胆敢宣布它已正式放弃了所要求的全部66亿英镑赔款的任何部分。德国仍然处于无望的处境之中，因为在它的财政中的任何平稳的增加都将引起一种赔款义务的增加，于是这就使它失去了积累储蓄金的任何动力，因为这些储蓄金只会流入协约国的国库。还有更糟的是，道威斯计划开创了借贷给
85 德国资金去支付赔款的致命的先例。随着道威斯贷款成功而来的是德国的无节制的借债。在以后的五年中，每一个德国大城市的市政当局，以及几乎每一个重要的德国实业界财团，都在美国、有时也在英国发行了大量的公债或信贷。资本的这种注入似乎是天意。它带来了一个繁荣的高潮，这种繁荣使德国能够支付道威斯计划的年赔款额，同时在它的资源方面也没有造成过度的紧张，并且由于有充裕的外汇置于它的自由支配之下从而解决了兑换问题。道威斯计划在整个这些年中似乎是一个绝对的成功。几乎没有人有这种洞察力能够看出德国正在用来自美国的钱支付债务，而且它的偿付能力取决于在华尔街继续大量发行德国的公债。

协约国之间的债务

在这里提及另外一系列债务要求是最适宜的，尽管起因不同，但是这些要求与赔款问题纠缠不清地缠绕在一起，而且最终与赔款的命运密不可分。在战争中，英国借给它的包括俄国在内的欧洲盟国大量款项，它也从美国借了这些总数一半以上的款项，一些协约国家也从美国直接获得了贷款。这个借债的复杂性很快就要

变成一种如同赔款的负担那样庞大而不易控制和难于处理的问题。就协约国之间的战争债务而言，美国是唯一的债权人，而大陆协约国只是债务人（法国由于一小笔钱也是债权国），而英国居于 86 中间地位，它既是债务国，也是债权国。

当1922年美国政府开始严厉地催逼还债时，法国宣称，只要德国支付赔款，法国就支付战债；因为如果战败的德国未能付给它赔款，而战胜的法国却要支付给它的盟国债务，这是法国不堪忍受的。英国在借方与贷方之间进行比较，愿意看到一笔勾销所有的战债。1922年8月，英国向它的欧洲盟国发出了一个通知（该通知通常作为“巴尔福照会”而被提到），宣布它希望从其欧洲盟国那里获得的清偿它们的债务的数目就是它自己应当偿还给美国的债务数目。这种过于明显地要把征收债务的全部憎恨置于美国身上的企图在美国引起了广泛的愤怒，并进一步强化了美国的舆论去反对取消战债。

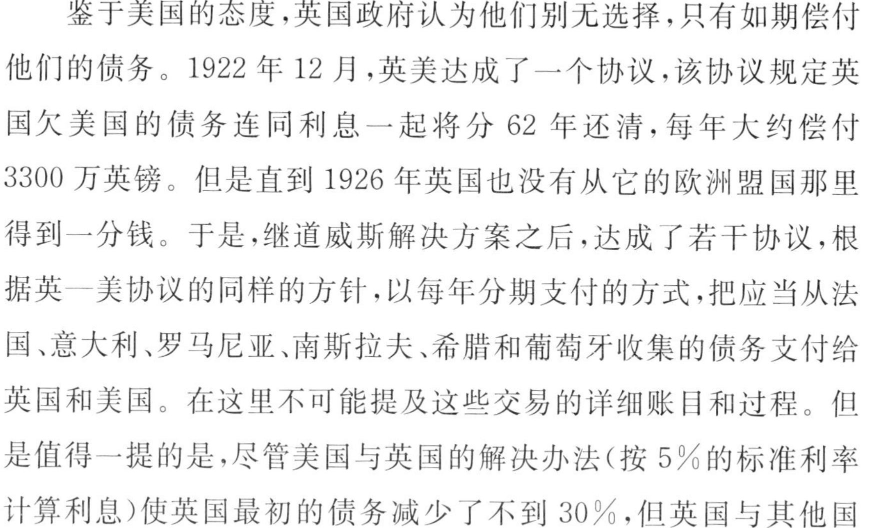

鉴于美国的态度，英国政府认为他们别无选择，只有如期偿付他们的债务。1922年12月，英美达成了一个协议，该协议规定英国欠美国的债务连同利息一起将分62年还清，每年大约偿付3300万英镑。但是直到1926年英国也没有从它的欧洲盟国那里得到一分钱。于是，继道威斯解决方案之后，达成了若干协议，根据英—美协议的同样的方针，以每年分期支付的方式，把应当从法国、意大利、罗马尼亚、南斯拉夫、希腊和葡萄牙收集的债务支付给 87 英国和美国。在这里不可能提及这些交易的详细账目和过程。但是值得一提的是，尽管美国与英国的解决办法（按5%的标准利率计算利息）使英国最初的债务减少了不到30%，但英国与其他国

家的解决办法，则使意大利债务的减少超过了 80%，其他协约国债务的减少超过了 60%。而且英国来自协约国内部的债务和来自赔款的总收入从未达到它支付给美国的债务的程度；因此实际上所有的债务支付，无论是从哪里支付的，都进入了美国的国库。

在这些债务协议中提供的巨大的资金流动转移，就像在道威斯计划下提供的资金转移一样，使美国向债务国提供贷款和信贷成为可能。国联继续实行它在奥地利和匈牙利创始的如此得意的政策。1924 年到 1928 年之间，在国联的主持下，希腊、保加利亚、爱沙尼亚和但泽自由市发行了公债，并主要在美国和英国被认购。穿过大西洋流入德国与其他欧洲国家的大量信贷，不仅支持了整个复杂而讨厌的赔款和战债支付体系，而且给欧洲带来了普遍的繁荣和生活平安幸福的氛围；而这种繁荣是主要欧洲国家之间政治关系取得进展的一个基本条件，这是这一时期最为明显的特征。

日内瓦议定书

88 1924 年 8 月在伦敦签署了批准解决德国赔款问题的道威斯计划之后，麦克唐纳和赫里欧出席了下个月在日内瓦召开的国联大会；并在那里做出了重要的努力去解决另一个突出的问题，即法国的安全问题。

自从 1922 年法国拒绝英国的关于一个保证条约的建议后（见第 29 页），寻求法国的安全便转向了不同的途径。1921 年国联开始其努力（这将在下面一章加以叙述）去处理使人烦恼的裁军问题；1922 年，法国政府第一次提出这种论点，并且以极其顽固的态度坚持这个论点，即只有法国的安全得到加强，法国才能减少它的军备。自 1919 年人们第一次听到法国对安全的要求之后，法国的要求已经扩大。现在法国在东欧和中欧有受它保护的国家，它们的安全已经成为法国自己安全的组成部分。法国要求得到的东西是对法国本身以及对它的盟国的一个全面的附加的安全保证。日内瓦关于裁军的讨论对于要求这样一种保证来说提供了一个极好的机会。如果获得了这个保证，法国的政策将取得显著的成功。如果没有获得这种保证，法国和它的盟国将不承认有裁军的义务。

在日内瓦的英国代表团可能并没有领悟到它的行动的全部含 89
义，默认了这个前提；而且“临时混合委员会”(被任命去调查裁军问题的机构)向 1923 年的国联大会提交了一份“相互援助条约”草案，该草案包括某些对未来裁军的模糊的规定以及对当前安全的极其明确的保证。任何爆发的冲突都将在以后四天中由国联行政院做出哪一方是侵略者的判决，然后国联成员国将有一种自动的义务〔对被侵略者〕给以军事援助以反对这个侵略者。因此其结果不仅直接阻碍了 1921 年国联大会决议中逐渐取消根据盟约第 16 条采取行动的进程(见第 28 页)，而且依靠使军事制裁成为自动的和强制性的规定而强化了这一条款。

1923 年的大会没有任何大国的负责任的官员出席，因此不能做任何事情，只是把这个草案交给各国政府去考虑。该草案得到了法国、法国的大部分盟国以及东欧小国的热情批准。但是被英国、英国的自治领以及斯堪的那维亚国家和荷兰断然拒绝——对这些国家来说，它们更关心的是避免增加它们的义务，而不是增强它们的安全。但是当第二年麦克唐纳与赫里欧一起出现在大会

上，周围的气氛已经得到如此巨大改善的情况下，在两种反对意见之间的妥协似乎就在眼前；于是 1924 年的大会草拟了一个协定，
90 并一致同意将其推荐给各国政府以获得它们的同意，该协定被通称为“日内瓦议定书”。它的全称是“和平解决国际争端议定书”。

该议定书的主要新奇之处在于它打算通过强制诉诸仲裁来改进国联盟约并提供附加的安全。国联盟约给战争造成机会，这不仅在当事国不在场行政院就不能对一个争端做出一致判断的情况下，而且还在于争端的起因被判定属于争端一方的国内司法权限范围的情况下。该议定书寻求弥补这两个“缺陷”。它规定一切争端的司法性质都必须提交国际常设法院，它的判决将具有效力。在其他争端中则坚持国联盟约的规定程序。但是即使行政院未能达成全体一致的决议，这也不意味着能够像国联盟约规定的那样使争端双方具有进行战争的自由。行政院将把该争端提交给仲裁委员会，它的决定具有约束力。关于第二个缺陷，该议定书规定（这个建议来自日本代表团），关于国内司法权限问题的争端，尽管根据盟约排除行政院根据第 15 条做出正式的判决，也应该根据盟约第 11 条提交调解程序，而且如果根据此款已把问题提交国联，那么在这样一个争端中就没有国家应当被认定是侵略者。最后，
91 为了保持安全与裁军之间的平衡，该议定书建议，裁军会议应当在 1925 年 6 月 15 日召开，只要到那时有足够的国家批准了该议定书。

“日内瓦议定书”并没有做什么事情去加强国联盟约第 16 条规定的行政院的权力，也没有做什么事情去使军事制裁成为强制性的；因此它对满足法国的安全要求来说还没有达到“相互保证条

约"草案的程度。然而它被1924年的法国政府看做是一个足够加以接受的事实是一个强有力的证明,即自普恩加莱垮台之后,和解的看法已经进入了法国的政策。但是该议定书的确满足了法国和它的盟国的一个生死攸关的利益——维持1919年的和平安排,尤其是它的领土安排。修改凡尔赛条约条款的要求不是一个"争端",在该议定书中(或实际上在国联盟约本身当中)规定的程序不适用于它;而且唯恐将会存在对这一点的任何怀疑,这一点在草拟该议定书的委员会的报告中被特别强调。换句话说,该议定书着重强调了以后被抨击为国联盟约的弱点的东西:它的把安全和保持1919年的安排等同起来的倾向,以及它未能提供足够的方法去修改那个安排。但是在1924年几乎听不到这种批评。德国还不是国联成员,那些较小的前敌国仍然更担心遭受侵略而不是希望强大到足以去进行侵略;因此它们欢迎签订这个议定书。

对该议定书的普遍热情始终笼罩会议,直到大会的结束。当 92
时不同的反映开始出现。最初的麻烦发生在那些条款,即规定关于国内司法权限的问题的争端可以根据盟约第11条的规定提交国际联盟。日本提出这个建议的目的是十分清楚的。加拿大、澳大利亚和新西兰近来效仿美国的做法从它们的领土上驱逐日本移民(见第153页);而日本希望在日内瓦确立它对这种限制提出抗议的权利。第11条的正文在其本身授予那种权利方面似乎足够宽泛。但是英国自治领最不愿意接受在条款上写明它们关于移民问题的国内立法在任何情况下都可以由国联讨论或受到国联的挑战。而且很快就变得清楚的是,即使没有其他理由,就以此为理由,它们也将拒绝批准该议定书。

对该议定书的其他条款的研究，也在自治领和英国激起了谴责之声。强制仲裁是一个新奇的事物，英国的公众舆论并不容易接受它；而且尽管一届一届的英国政府都宣称它们始终不变地忠实于盟约，但是制裁在英帝国的任何地方都从未受到过欢迎。该议定书并没有改变第16条，这是事实。但是它也不能避免这种看法，即行政院能够断定谁是侵略者的争端数目的增加，就意味着可能不得不实行强制制裁的争端数目的增加。

93 在这种情况下，自治领的反对、加上众所周知的下院并不愿意同意在国联盟约下的英国义务的任何增加，这就完全可能阻止批准这个议定书，即使签订它的政府仍然掌权。然而11月在“季诺维也夫信件”之后举行的大选中，麦克唐纳的工党政府被鲍德温的保守党政府所接替。这就注定了该议定书的命运。1925年3月，新的外交大臣奥斯汀·张伯伦正式向国联行政院宣布英国决定不接受该议定书。

洛迦诺公约

日内瓦议定书已成一纸空文。法国对安全的寻求再次走进了死胡同；而且在法国看来，这一次又是英国的错误。出路只能是再次回到最初的计划，即英国对法国的莱茵兰边界给以明确保证的计划中去寻找。但是这种保证采取了一种新的形式，足以令人惊奇的是，被找到的解决办法竟是在一个建议当中，而这个建议是两年前由德国政府首先提出来的。

1922年底，德国政府向法国政府建议开始进行一个相互保证公约的谈判，在这个保证公约中将包括英国和比利时，它保证在一代人的时间里双方不诉诸战争去反对另一个国家。这个建议是通过美国政府提出来的，美国被邀请作为这种安排的“保证国”而行动。在占领鲁尔前夕，这个方案似乎对德国比对法国更有利（因为 94
存在着更多的法国侵略德国的危险而不是相反）；于是它被普恩加莱不礼貌地拒绝了。在以后的两年中，德国政府坚持这个建议，但没有成功。当日内瓦议定书被拒绝，而且人们又认为除了财政之外，与德国达成政治和解的时机已经到来时，这个方案便具有了新的吸引力。在影响欧洲的政治问题上，美国的合作实际上已不再被考虑。但英国——它作为法国和德国之间的调解人的作用已经由于它在鲁尔占领时期的独立态度而得到了明显的确立——则准备填补这个空缺。英国准备单独行动（因为自治领在这个问题上不会支持它）去保证法—德边界免遭德国的侵略（这是法国一直要求的东西）。而且为了保持天平的平衡，它也准备去保证同一边界不受法国的侵略。

这就是有名的洛迦诺公约的基础。1925 年的整个夏天，谈判一直通过外交途径进行，而且这个方案的细节逐渐具体化。德国和比利时的边界被置于同样的基础之上，并且像德国和法国的边界一样享受同样的保证。这个保证不仅适用于这些边界，也适用于非军事区，在这里德国被禁止保持军队和修筑工事。意大利以 95
另一个保证人的身份加入其中。该方案的先决条件是，在公约签字后德国将加入国联并获得行政院常任理事国的席位。

存在着两个主要的困难。第一个困难发生在德国和捷克斯洛伐克与波兰的边界问题上。尽管德国愿意重申它接受凡尔赛条约规定的西部边界，但不准备接受凡尔赛条约对其他边界的规定。它坦率地承认它并不认为它的东部边界是最终的边界，尽管它否认有任何用武力来改变它的打算。在这方面德国与英国的态度相吻合。英国准备保证德国的西部边界，但不准备保证它的其他边界。这个问题在尽可能圆满的程度上得到了解决，办法是在德国和波兰之间以及德国和捷克斯洛伐克之间签订了仲裁条约，并且在法国和这两个国家之间签订了保证条约。

第二个困难产生于德国和苏联自拉巴洛条约（见第 75 页）以来就存在的友好关系。德国担心西方大国有一天会要求根据盟约第 16 条对苏联采取军事行动，并要求德国参加这样的行动。这种担心用一份照会的方式得到了解决，在这份照会中其他洛迦诺国家通知德国，根据他们的解释，国联成员国有义务为支持盟约而进行合作，但只有“在符合本国军备情况和照顾本国地理形势的范围
96 内”才这样做。不用说，这当然就意味着德国作为一个被解除了武装的国家，不能被指望参加任何对苏联的军事制裁。

10 月，所有这些国家的政府首脑在瑞士的湖边小城洛迦诺开会，并于 10 月 16 日拟定和草签了下列协议：

（1）保证法国—德国和比利时—德国的边界条约（这就是所谓真正意义上的“洛迦诺公约”）；

（2）德国作为一方，法国、比利时、捷克斯洛伐克和波兰作为另一方的一系列双边仲裁条约；

（3）法国作为一方，与捷克斯洛伐克和波兰作为另一方的双边相互保证条约。

1925 年 12 月 1 日，这一系列条约在伦敦正式签署。

如此签订的条约包括某些重要的但没有一个签字国愿意承认的含义，但是随着时间的推移这些含义将变得更为明显。首先，存在着心照不宣的想法，即由德国对它的西部边界的自愿保证，赋予这条边界以一种迄今为止赋予它的或目前赋予德国的其他边界的更为神圣不可侵犯的性质；而且这意味着凡尔赛条约强加的义务，即使不是法律的而是道义的义务，也比自愿接受的义务更缺乏约束力。第二，英国准备保证某些边界而拒绝保证另一些边界，具有 97
使边界等级化的实际影响，即从安全的角度出发把边界分为第一等级和第二等级；而且尽管英国政府坚定地声明，它在国联盟约下承担的义务将得到尊重，但是洛迦诺公约给人的印象却是英国并不准备采取军事行动以保卫东欧边界。归根结底，洛迦诺公约对凡尔赛条约和国联盟约是有破坏作用的。它鼓励了两种观点：第一，除非得到具有自愿性质的其他条约的保证，凡尔赛条约缺乏约束力；第二，不能指望各国政府为保卫那些不直接与它们自己的利益有关的边界采取军事行动。十年以后，几乎所有的政府似乎都是按照这些含义而行动的。

在1925年充盈着普遍友好与乐观的气氛中，这些含义的确可以被忽视；但夸大洛迦诺公约对欧洲和解的贡献将是困难的。自战争以来，它第一次在法国的需要和德国的需要之间形成了公正的不偏不倚的平衡。它完成了由道威斯计划而开始的使德国回到大国行列中的工作，这固然不是根据完全平等的条件（因为裁军和解除武装的奴役状态仍然存在），但毕竟是作为一个正式的和受尊敬的成员。奥斯汀·张伯伦对他的成功带有可以原谅的自豪感，把它说成是“战争年代与和平年代的真正分界线”。

第五章　全盛时期的国际联盟

98 1924年到1930年是国联最有威信和权威的时期。1924年以前，国联的成员国通常是由在日内瓦的代表们所代表，但是不管他们是多么的杰出，都不是那些国家的负责外交政策的政府官员。当麦克唐纳和赫里欧亲自到日内瓦出席1924年的国联大会时，他们开创了一种具有深远的重要影响的先例。从此英国、法国以及德国（在它是国联成员的日子里）的外交大臣（或部长）通常出席每一届大会的某些会议，并出席几乎每一次行政院会议。这个先例很快就为其他大多数欧洲国家的外交部长所效法，于是日内瓦在9月就变成了一个公认的欧洲政治家们的聚会场所。有一年（1929年），每一个欧洲国家的外交大臣（或部长）都出席了那次大会。在大多数情况下，非欧洲的国家必须由它们常驻欧洲各国首都的外交官出席，或由专职代表常驻日内瓦。

鼎盛时期的国联

当洛迦诺公约得以签订时，1926年3月召开了一届特别的国
99 联大会，同时行政院也召开了常规会议，以便正式批准接纳德国为国联成员和行政院常任理事国。这个时刻被认为是国联历史上的

转折点。迄今为止，中立国成员的影响，以及在和平的头几年便被接纳的较小的前敌国的影响，还不足以强大到驳斥那种共同的指责，即国联主要是为了维护1919年和解条款的战胜国的联盟。德国作为国联的成员当选为行政院的常任理事国将纠正这种不平衡状态，并在更为公平的基础上给国联一个新的开端。

在这个决定性时刻，由于判断上的严重错误，存在着可能毁坏这些安排的障碍。在国联盟约最初的文本中，行政院应该由五个战胜的大国——英国、法国、意大利、美国和日本——作为常任理事国成员，以及由国联大会选出的四个非常任理事国组成。对行政院常任理事国成员的增加应当由行政院的全体一致的赞成票并获得国联大会的大多数批准来决定。美国不履行义务使常任理事国的数量减少到四个；而1922年由于较小国家的压力，非常任理事国的数目上升到六个。在这种情况下，1926年3月，行政院召开会议宣布德国申请成为一个常任理事国。

在国联盟约中对实际增加行政院常任理事国成员的数目的规 100
定显然是为缺席的大国——德国和俄国考虑的。在洛迦诺会议期间接纳另一个大国成为常任理事国的可能性从未被讨论过。然而，当了解到德国的申请尚未被批准时，波兰、西班牙和巴西都对行政院的常任理事国的席位提出了要求。特别是波兰的要求似乎并不缺少合理的根据。尽管波兰不属于大国的怪圈，但是它在欧洲的政治中占有关键地位，而且它在人口和财富方面并非大大低于意大利。洛迦诺公约已经表明，一旦需要，法国准备使波兰的利益从属于它自己的利益；而波兰则认为，它需要行政院的席位，以便阻止法国和英国方面以牺牲波兰为代价而与德国达成协议的任

何倾向。另一方面，德国能够辩解说，只限于对德国作出的使之成为一个常任理事国的保证是洛迦诺交易成交条件的组成部分。如果由于允许使某个大国也拥有对所有重大问题进行投票的同样特权而使德国自己的这种特权失去效力，从而使那个常任理事国的席位的价值已经贬值的话，那么在达成洛迦诺公约所依据的精神实质上，这个公约并没有得到实行。

毫无疑问，英国的公众舆论，以及在日内瓦的大多数代表团都认为德国的辩解是有充分根据的。并且反对行政院常任理事国的任何其他的增加。不幸的是，奥斯汀・张伯伦本人致力于支持西班牙的要求；并因此鼓励了新任法国外交部长的白里安相信波兰
101 的理由。无论是西班牙还是巴西（不像波兰）都是行政院的非常任理事国，因此对批准德国的要求来说，它们的投票是必不可少的；但是它们拒绝给以这种投票，除非它们的要求得到满足。纷乱的形势达到了极点。行政院没能做出任何决定，而国联大会也毫无建树地散了会。德国尽管有洛迦诺公约，但仍然留在国联之外。

1926 年夏天，行政院的一次会议做出了极大的努力去解决这种困难的形势。最终找到的解决办法是把非常任理事国的成员从六个增加到九个，并根据国联大会 2/3 的投票同意，其中三个非常任理事国可以在它们三年任期期满之时重新当选。于是便产生了行政院半常任理事国的新种类，以满足处于大国和小国之间的中等国家的需要。波兰和德国都接受了这种妥协方案，波兰的条件是它将获得一个半常任理事国的地位。西班牙和巴西拒绝接受它，但是又不愿意面对用它们的投票去阻止德国进入国联而引起的憎恨，便退出了国联。在 1926 年 9 月的国联大会上，德国在热

烈欢迎的气氛中走进国联并作为一个行政院常任理事国而就座。不过在德国人的心中还是留下了一种不愉快的印象，即他们不能指望在日内瓦获得公平对待。尽管斯特莱斯曼的影响暂时还足以医治这种创伤，但还是鼓励了德国已经很强大的反对国联的党派活动。尤其重要的是 1926 年 4 月，在对常任理事国席位的争端达 102
到顶点时，德国和苏联签订了一个新的条约，其中双方重申忠于拉巴洛条约，并且每一方都保证在另一方一旦遭到进攻的情况下保持中立。

德国获准进入国联使国联达到了它力量的顶点；借此机会我们可以对以后 20 年中的国联成员国做一番简洁的评论。在北美洲和南美洲，三个最大的国家——美国、阿根廷和巴西——仍全不在其中；那一群中美和南美洲的较小国家没有什么物质上的贡献（因为它们的会费几乎总是拖欠），而且也没有什么对国联的道义上的支持。在远东，日本、中国和暹罗[1]以及印度是国联成员；在中东是波斯[2]；但土耳其对它是敬而远之。在非洲，南非联邦通常派出活跃的代表团出席国联大会；但利比里亚和阿比西尼亚[3]是有某些不确定因素的成员。澳大利亚和新西兰代表第五块大陆。但欧洲是国联的核心；而且在欧洲，当西班牙于 1928 年浪子回头时，欧洲的成员国全都是国联的成员国，除了苏联之外——这是唯一的仍然公开敌视国联的大国。

苏联政府对国联的态度是它对创建国联的资本主义国家的态

① 泰国的旧称。——译者

② 伊朗的旧称。——译者

③ 埃塞俄比亚的旧称。——译者

度的反映。从 1924 年起，苏联和英国的关系继续恶化。1926 年
103 由于苏联支持总罢工而激起了愤怒。第二年，英国政府横暴地突
然查抄了苏联贸易机构的官员阿科斯的住宅；并在那里发现了证
明苏联阴谋反对英帝国的文件，于是他们废除了 1921 年的贸易协
定并突然终止了与苏联的外交关系。然而这种反目争吵在这一时
期苏联国际关系的整体进程中是个例外。苏联与法国和意大利的
关系继续逐渐改善，与德国的关系也未因德国加入国联而受到严
重损害。1927 年，尽管苏联的发言人继续嘲笑国联本身，但苏联
政府已经开始效法美国的做法，在国联的经济、人道主义和裁军活
动中进行正常的合作。在那一年，苏联代表第一次来到日内瓦出
席一个普遍的经济会议（见第 110 页）和裁军大会的筹备委员会会
议（见第 177 页）。

作为调解者的国联

国联的主要工作，而且应该继续去做的工作，是用和平解决争
端的办法阻止战争。实际上，即使是在国联最有力量的日子里，国
联的权限也不是普世的。当 1926 年尼加拉瓜政府将墨西哥告上
国联——指责墨西哥政府涉嫌支持尼加拉瓜政治反对派时，美国
104 政府立即派出一支舰队去尼加拉瓜“以保护美国人和外国人的生
命和财产”；而国联便接受了这种暗示，即维持中美洲的和平与秩
序不是国联本身需要关心的事情。英国和埃及（它已于 1922 年被
承认是一个独立国家）之间的独特关系把埃及排除在国联成员国
之外，而且阻止了英国和埃及之间的不同意见被当做国际争端来

对待。中国和列强之间有关给外国人在中国的特殊权利的条约的争论也不被认为是正常的问题而要提交国联来解决。但是,尽管有这些例外,国联采取行动的范围仍然是广泛的;而且在这些年中,来自世界许多地区的争端被提交给国联。作为说明问题的例证,在这些争端中有三次争端,它们全都包含可能进行战争的危险,将在这里得到评述。

第一个争端是在与土耳其的和平条约下产生的,该条约规定,在英国和土耳其政府没有达成协定时,土耳其和被英国委任管理的伊拉克领土之间的边界应当由国联行政院来决定。1924 年秋天,国联行政院召开会议,尽管当时土耳其还不是国联成员,但它也出席了这次会议,任命了一个中立的边界委员会对一条边界线提出建议。有争执的地区是旧土耳其帝国的摩苏尔行省,它由混合的库尔德人、土耳其人和阿拉伯人所居住,并且自停火以来便处于英国的占领之下。当边界委员会正在工作时,在土耳其境内的 105
库尔德人,一个善于登山的强壮民族,发动叛乱反对土耳其政府。该叛乱以传统的土耳其式的残暴方式被镇压。许多库尔德人逃到了摩苏尔地区,并且在已经存在的临时边界线上发生了严重的冲突。形势似乎非常危险以致国联行政院在 1925 年初便派出了第二个委员会就这些动乱提出报告。该报告彻底否定土耳其的管理方式,并且可能有助于行政院确定一条边界,这条边界实际上把整个摩苏尔行省包括在了委任领土之中。在这个进程的最后阶段,土耳其从行政院会议撤走了它的代表,并抛弃了它最初的接受国联的决定作为最后决定的保证。事情被提交给国际常设法院,该法院提出的意见是,根据洛桑条约,并不需要双方表决去使国联行政院的决议具有约束力。在经过一番犹豫之后，土耳其尽量把损失减少到最小，于是接受了这条新的边界。这条边界在 1926 年 6 月由英国、土耳其和伊拉克之间的条约而得到确认。

第二个争端来自巴尔干。在战后的许多年中，希腊和保加利亚的边界是持续不断的小规模袭击和骚乱的地点，主要是马其顿土匪的活动（见第 12 页）。1925 年 10 月发生的杀死一个希腊边防哨所的指挥官和他的一个士兵的事件使这些活动达到了顶点。
106 作为报复，希腊军队长驱直入保加利亚的领土。保加利亚政府根据国联盟约第 11 条诉诸国联。行政院立即在巴黎召开会议，力劝希腊政府撤出它的军队，并要求英国、法国和意大利政府派出军事官员去现场看看发生了什么事。这些措施对希腊政府起到了威慑作用。希腊军队撤出了保加利亚的土地，而希腊政府则被宣布根据一个国联委员会规定的数额，为它对保加利亚领土的侵犯而支付给后者赔偿金。希腊接受了这个裁决。但是也存在着关于这个裁决是否公正的不同看法的尖刻评论，这些评论在两年前就曾流行过，当时在丝毫不差的相同情况下，希腊受到了意大利的侵略（见第 72 页）。

第三个争端的起因在于我们已经叙述过的一些事件之中。立陶宛政府在拒绝了协约国政府作出的波兰拥有维尔纽斯（见第 36 页）的决定后，断绝了与波兰政府的关系，并宣布两国处于“战争状态”。从那时起，边界一直保持公路、铁路与河流运输的关闭状态；而且这种不正常的形势又由于频繁的边界冲突和双方的挑衅性声明而更加恶化。1927 年秋天，沃尔德马拉斯，立陶宛的倔强的小独裁者，抓住一些立陶宛人从维尔纽斯被驱逐的机会，根据盟约第

11 条把整个问题诉诸国联。12 月 10 日行政院召开了重要会议，
立陶宛和波兰(这是毕苏斯基唯一一次在日内瓦出现)的独裁者们 107
面对面地出席了这次会议，这种面对面的讨论带来了一个一致同
意的决议，它的最突出的特点是宣布“在两个国联成员国之间的战
争状态是与盟约的精神实质和形式都相矛盾的”，于是立陶宛以后
便不再认为它自己处于与波兰的战争状态了。这个决议的其他部
分是没有什么约束力的。对于维尔纽斯的“不同意见”并未受到这
个决议的影响。向两国政府提出的“对其他问题进行直接谈判”的
建议没有得到实行，外交与商业关系也未得到恢复。然而，在日内
瓦公开讨论这种波兰—立陶宛之间的长期争吵实际上导致了两国
之间紧张关系的长时间的持续缓和，即使并没有导致一个和解；因
此它是国联的一大成功。

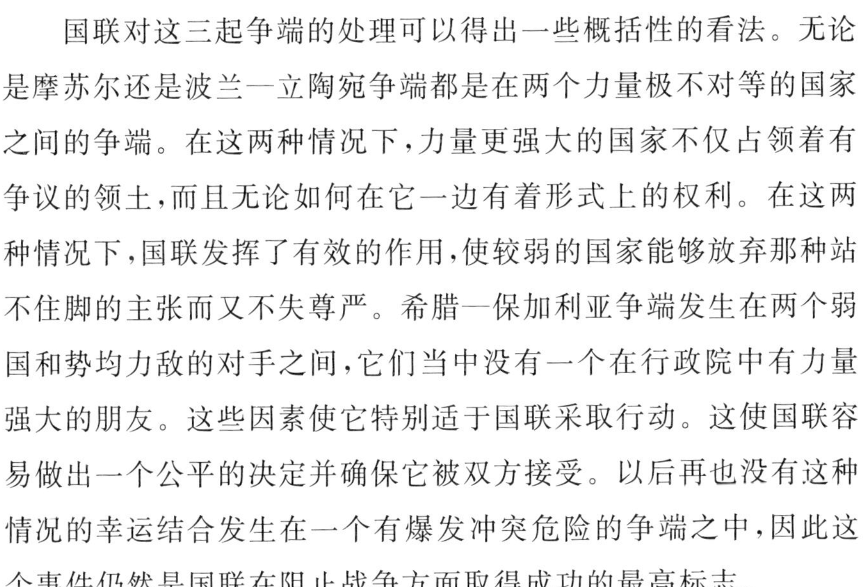

国联对这三起争端的处理可以得出一些概括性的看法。无论
是摩苏尔还是波兰—立陶宛争端都是在两个力量极不对等的国家
之间的争端。在这两种情况下，力量更强大的国家不仅占领着有
争议的领土，而且无论如何在它一边有着形式上的权利。在这两
种情况下，国联发挥了有效的作用，使较弱的国家能够放弃那种站
不住脚的主张而又不失尊严。希腊—保加利亚争端发生在两个弱
国和势均力敌的对手之间，它们当中没有一个在行政院中有力量
强大的朋友。这些因素使它特别适于国联采取行动。这使国联容 108
易做出一个公平的决定并确保它被双方接受。以后再也没有这种
情况的幸运结合发生在一个有爆发冲突危险的争端之中，因此这
个事件仍然是国联在阻止战争方面取得成功的最高标志。

然而，关于国联的这些成功的最值得注意的事实是，它们是用

调解的方法取得的成功。在后两种情况下,诉讼程序是由盟约第4条和第11条指导的。争端双方坐在行政院的桌前,如第4条规定的那样,拥有充分的成员国权利,包括投票权;这就意味着,根据全体一致的原则,如果没有双方本身的同意,任何决议都不能被做出。在摩苏尔争端的早期阶段,尽管土耳其不是一个国联成员国,但也确实履行了同样的程序;而且尽管在最后一个阶段,由于国际常设法院根据洛桑条约的条款做出的某些事先并未预料到的裁决而使这一程序终止实行,但决不存在任何强迫做出一个决定的问题。在所有这些事件中,人们承认行政院只能靠劝导说服的方法才能继续进行工作。在国联最有力量和最有威信的时期里,国联只依靠它的道义权威;因为盟约第11条没有授予它其他权利。在1932年以前,从不曾打算凭借盟约第15条和第16条中的规定行使判决和惩罚程序。

国联的其他活动

109 尽管维持和平是国联最重要和最显著的工作,但是如果不提到国联的某些所谓的日常工作,那么1919年以后的国际关系史就是不完整的,这些日常工作中的许多工作是国际生活中公认的组成部分。

在这些工作中有一些工作是政治性的。委任统治管理委员会,这是一个由11名在殖民管理方面的专家组成的机构,每年在日内瓦开两次会,接受关于受委任国对其管理的领土的年度报告,并附上该机构的评论和建议后把这些报告提交给行政院。行政院对此进行考虑，而且如果需要，就对这些报告提出建议，而受委任国（无论其是否为行政院的正式成员）则为此目的而出席行政院会议。为了实行少数民族条约（见第 12 页）也制定了不同性质的工作程序。代表少数民族的请愿书连同他们控告的那个政府的回答一同被提交给行政院的一个三人委员会。该委员会与那个政府（而不是与那个少数民族，没有听说它们有那个资格）讨论这个问题，并通常做出两种结论：或是证明该政府无罪，或是从该政府那里获得消除所抱怨的不满情绪的保证。如果该委员会未能得到令
人满意的结论，它可以把该请愿书提交行政院，被告的政府当然出 110
席行政院的会议。无论是委任管理问题还是少数民族问题的程序同样基于盟约第 11 条的基础之上，即应当用劝导的方法做出决定并得到有关政府的同意。

国联还有其他特殊的政治作用。从 1920 年到 1935 年，它通过一个管理委员会成功地管理了萨尔地区，并于 1935 年 1 月指导了那里的公民投票。没有其他地区曾经置于国联的直接管理之下。但国联保证了但泽自由市的宪法，它的权威由驻那里的一个最高专员来代表，该代表的任务是在自由市和波兰之间的纠纷中实行仲裁。双方都有权诉诸行政院反对最高专员的决定。1934 年以前，没有比波兰和但泽之间的纠纷更经常地出现在行政院的议事日程之中的事了，直到 1934 年德—波条约才改变了形势（见第 200 页）；而且在处理这些纠纷中，国联这台机器的运转取得了最大的效率。

国联为在经济领域中的国际合作提供了一个新的和认真运作的机构。由来自不同国家的专家组成的财政和经济委员会每年在

日内瓦开会，并指导国联秘书处的财政和经济部门的工作。财政委员会负责发行和监督国联发行的各种公债。1920 年在布鲁塞尔召开了一次全面的财政金融会议，1927 年在日内瓦召开了一次
111 经济会议，前者涉及战后财政金融的重建，后者涉及减少关税和其他贸易壁垒。

国联的社会的和人道主义的工作部分是配合战前便已经开始的零星的国际活动，部分是着手新的事业。反对奴隶制度是所有这些活动中最古老的。1925 年在日内瓦签订了废除奴隶制度公约；1932 年国联决定设立一个常设奴隶问题委员会。其他国联机构处理在世界范围内的危险的毒品贸易、贩卖妇女、保护儿童、救济和安排难民，以及健康和疾病问题。

最后有两个国际组织，尽管他们依靠国联的预算，但在行政上独立于国联之外，这就是国际劳工组织和国际常设法院。

国际劳工组织的办事处设在日内瓦，它是根据和平条约而建立的，目的是依靠国际协定去改善劳工的条件。它的组织构成仿照国联的组织构成，它的年度大会、管理委员会和办事处分别相当于国联大会、行政院和秘书处。国际劳工组织现在由所有国联成员国加上美国和巴西组成。每个国家派出的出席年度大会的代表团由四名代表组成，其中两名由政府任命，一名由雇主组织任命，
112 一名由工人组织任命。大量的各种有关劳工问题的国际公约被签订，但并不是所有的公约都被普遍批准。

国际常设法院是根据盟约第 14 条由国联建立的，其目的在于裁决“当事者到那里向它提交的任何具有国际性的争端”，并对行政院和国联大会委托给它的问题提供建议。它有一个由行政院和

国联大会每九年任命一次的15位法官组成的陪审团，其院址设在海牙。该法院的规章包括一项所谓的“非强制性条款”，签订此条款的国家有义务使他们自己服从这一条款，以解决他们自己和其他国联成员国之间的任何法律性的国际争端；大约有50个国家，包括绝大多数的大国，签订了这一条款，但其中的一些国家带有某种保留意见。美国政府曾两次采取行动要遵循于国际常设法院（在该法院总是有一位美国法官）。但每一次目的都落空了。1922年至1939年之间，该法院宣布了50多项判决和意见。

第六章　反战运动

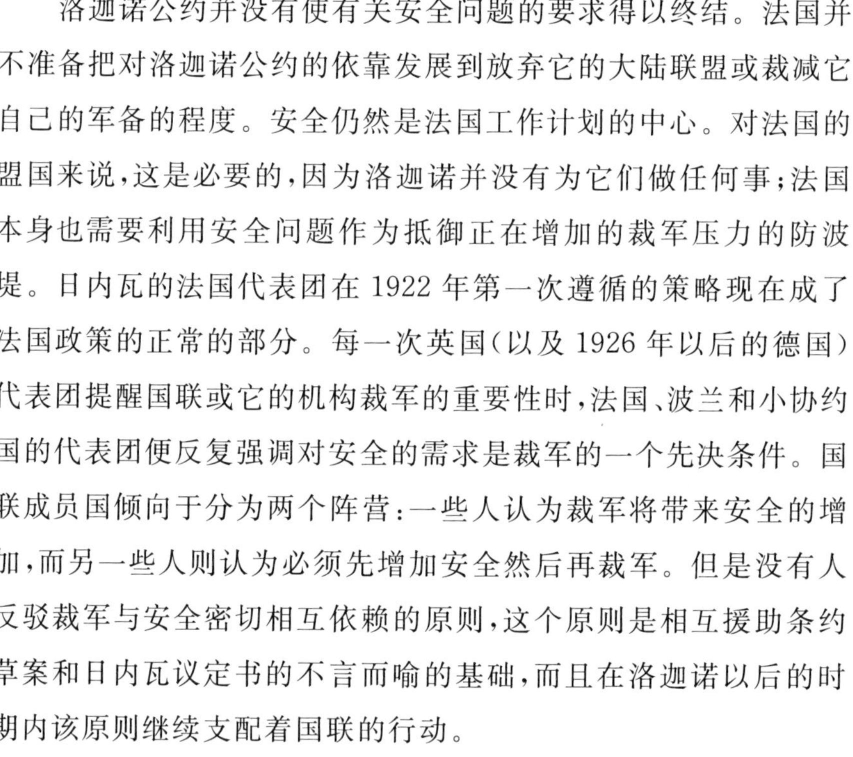

113 洛迦诺公约并没有使有关安全问题的要求得以终结。法国并不准备把对洛迦诺公约的依靠发展到放弃它的大陆联盟或裁减它自己的军备的程度。安全仍然是法国工作计划的中心。对法国的盟国来说，这是必要的，因为洛迦诺并没有为它们做任何事；法国本身也需要利用安全问题作为抵御正在增加的裁军压力的防波堤。日内瓦的法国代表团在1922年第一次遵循的策略现在成了法国政策的正常的部分。每一次英国(以及1926年以后的德国)代表团提醒国联或它的机构裁军的重要性时，法国、波兰和小协约国的代表团便反复强调对安全的需求是裁军的一个先决条件。国联成员国倾向于分为两个阵营：一些人认为裁军将带来安全的增加，而另一些人则认为必须先增加安全然后再裁军。但是没有人反驳裁军与安全密切相互依赖的原则，这个原则是相互援助条约草案和日内瓦议定书的不言而喻的基础，而且在洛迦诺以后的时期内该原则继续支配着国联的行动。

114 有关裁军的谈判将在下一章得到讨论，这些谈判由于1926年为裁军会议建立的一个预备委员会而得以着手进行。但是在这里必须提到的是国联为解决安全问题而同时做出的努力；因为这些为解决争端而提供新的方法并企图阻止战争的学理上的努力是洛

迦诺之后的那段乐观主义时期的特点，而且也是在上一章中叙述的国联的实际行动的姊妹篇。

国联的协定

从1926年到1929年，在为加强安全反对战争方面所制订的方案是特别多产的，每一次代表大会都欢呼某些新建议的诞生。

1926年芬兰代表团提出了一个计划——显然是受到了国联贷款成功的启发——目的是使那些可能受到进攻的国家能够从它们在国联的其他成员那里以优惠的条件得到财政援助。这样的援助将是对国联盟约第16条规定的拒绝对进攻国家提供财政便利的实际补充。该建议最终具体化为财政援助协定，并为1930年的国联大会所通过。然而由于它的实施以裁军协定的签订为条件（根据裁军与安全相互依存的原则），因此它始终仅仅是一个计划。

当1927年国联大会召开的时候，裁军会议筹备委员会已经看 115
到了前途的危险，而且夏天在日内瓦召开的一次限制海军军备会议已经遭受失败。这些麻烦事把国联大会大大地拉回到安全问题。自1924年以后第一次听到企图恢复日内瓦议定书的私下议论；而且荷兰代表团请求国联大会“继续研究在盟约中表达的裁军、安全和仲裁原则”。因此国联大会请求筹备委员会设立一个仲裁和安全委员会，“它的任务将是考虑采取有计划的步骤，在一个国际裁军条约中给所有国家那种将使它们能够把它们的军备水平固定在最低的可以接受的数字之上的安全保证”。

在1927年和1928年国联大会的间歇期，仲裁和安全委员会以不知疲倦的热情开展了它的工作。它在挪威代表团于大会期间提出的一个建议中找到了灵感。1924 年的经验已经表明，并不是所有的国联成员国都准备沿着仲裁的道路走得同样远。现在提议，通过起草一系列将由彼此认为是适合自己情况的几对或几组国家接受的“模范条约”，而不是起草一个像日内瓦议定书那样由国联作为一个整体而接受的全面协定，将使事情取得更多的进展。于是走在最前面的国家可以签订将它们之间的所有纠纷提交仲裁的协定。走得不那么远的国家可能同意将它们所有涉及法律问题
116 的纠纷提交仲裁，那些还根本不准备接受强制仲裁的国家，可能接受调解程序或把战争限制在最小限度的其他措施。该委员会准备了不少于十个这样的宽严不等的“模范条约”以备 1928 年的大会所用。

面对这种过多的内容，国联大会选择了一种方针，它似乎有意把“模范条约”的好处和一个全面协定的优点结合在一起。它挑出了三个最有希望的草案，并把它们变成“和平解决国际争端总议定书”的头三章。第一章规定每两个条约签字国都应建立一个常设调解委员会，它的职责是提出一个友好的、尽管是没有约束力的解决它们之间的纠纷的办法。第二章规定把所有法律纠纷提交国际常设法院，它的判决将具有约束力。第三章规定把非法律的纠纷提交给一个仲裁者委员会，对该委员会主席的选定如果不能取得一致意见，将由国际常设法院来选择。第四条部分规定国联成员国可以同意该议定书的一章或更多章节，而且如果它们愿意，它们能够做出保留，把特殊类型的纠纷排除于该议定书规定的要处理的纠纷之外。

这似乎灵活到足以满足所有的情况。但是该议定书并没有取得巨大的成功。第一章被认为其本身便没有价值。在战前美国与
其他国家的条约中以及在德国与其邻国的洛迦诺公约中已经做出 117
了关于调解委员会的规定。但是从来也没有利用过它们。第二章被认为已经包括在接受国际常设法院法规的非强制性条款之中。第三章恢复了日内瓦议定书的主要障碍之一，并带有令人吃惊的不同，即它完全漏掉了国联行政院，因为行政院甚至未被请求（如日内瓦议定书所规定的那样）去任命仲裁者委员会。在批准 1928 年国联大会提出的总议定书的两年时间里，只有比利时、挪威、丹麦和芬兰接受了它的全部内容，而荷兰和瑞典则同意它的头两章。

巴 黎 公 约

同时，一个新鲜的举措来自另一个方面。就在 1928 年的国联大会召开的前几天，巴黎成了一个引人注目的重要仪式的地点：在此签订了关于放弃战争的条约，通常被称为巴黎公约或白里安—凯洛格公约。公众对这件事情致以极其热烈的掌声，但这种掌声没有给以国联，这是有点不公平的。因为在 1927 年大会期间，此时国联已经对阻止战争问题给以了如此之多的考虑，波兰代表团曾提出一个庄严的宣言，宣布“禁止、并将永远禁止一切侵略战争”；而且这个宣言获得了全体一致的通过。然而从历史上看，巴黎条约有不同的起源。1927 年 4 月，受到一个有影响的美国民间
机构的鼓励，白里安向美国政府建议，在法国和美国之间签订一个 118
条约，宣布在两国之间废弃以战争作为实行国家政策的工具。由

于很难想象任何国家利益能导致法国和美国之间的战争，因此这样一个条约将没有什么实际的重要性。但是该条约将给法国带来某种声誉，并使法国成为美国在欧洲的特殊朋友和伙伴；或许正是由于这个原因，美国国务卿凯洛格在长时间的拖延之后，提出了一个反建议作为回答，即已经建议的这个条约应当是普遍适用的。这个建议被及时接受了。1928 年 8 月 27 日，六个公认的大国（美国、英国、法国、德国、意大利和日本）和三个其他“洛迦诺国家”（比利时、波兰和捷克斯洛伐克），以及英国的自治领和印度的代表们在巴黎召开会议签署这个条约。世界上其他每一个独立国家都被邀请加入它。

各签字国对它们保证废弃战争“作为实行它们与另一个国家关系中的国家政策的工具”的意义的解释，在它们之间先于该公约签订的通信中得到了说明。条约的始作者已经宣布并不禁止自卫战争。它们并不接受不抵抗的和平主义原则。英国进一步说明，
119 对它而言，自卫的权利包括有权保卫“世界的某些地区，这些地区的繁荣和完整对我们的和平与安全构成了特殊和巨大的利益”。在美国看来，自卫包括为阻止侵犯门罗主义而要求采取的任何行动。这些解释（由于它们并不被当成正式的保留意见来对待）使条约的普遍性受到削弱。它被许多国家看成是一种原则声明而不是一种责任的规定。每一个国家仍然是它自己的行动的唯一判断者。没有建立或考虑建立任何旨在解释或实行这个公约的机构。

尽管有缺点，但巴黎公约是一个划时代的界碑。它是历史上第一个几乎全球范围的政治协定。阿根廷、巴西、玻利维亚和萨尔瓦多由于重申门罗主义而感到受了委屈并对该条约敬而远之。但

其他每一个国家，几乎毫无例外地迅速参加进来。苏联在经过最初的犹豫之后，对条约竟是如此热心以致它建议并同它的邻国签订了一个特别协定，以使巴黎公约在普遍批准之前就在它们之间生效。不下于65个国家批准了这个条约——这个数字比当时的国联成员国多出七个。某些国家参加进来更多地是出于要去顺应它的愿望而不是出于对条约有效性的任何信任，这的确是可能的。日本和意大利很快就采取行动彰明较著地破坏了它，一个以易于为人识破的借口，伪称是采取一次警察行动，另一个甚至以更易于为人识破的借口，伪称是进行一场自卫战争。但是这并没有破坏
这一事件的重大意义：共同采取行动的那些国家已经准备宣布禁 120
止把战争作为解决国际争端的正常的合法的手段。由条约的美国发起人使用的"宣布战争为非法"的术语意味着存在一种普世的、未成文的法律，违反这一法律而进行的战争被宣布是一种犯罪。并不存在惩罚对这一法律的侵犯行为、甚至去宣布该法律已被侵犯的任何权威机构。但是这一观念本身已经扎根于国际政治的思想之中。

热情地加入巴黎公约自然看起来像是对国联的挑战。国联盟约不包括绝对禁止利用战争作为实行国家政策的工具。它只是把战争限定在最狭窄的范围之内，这些限定对其始作者来说似乎具有实用性，于是在某些情况下国联的一个成员国便可以合法地进行战争。现在实际上每一个国联成员国都接受了一种根本不去进行战争的义务（除了自卫），普遍的想法似乎是要求通过将这个新义务纳入到国联盟约中而加强盟约。当英国代表团为此目的而向1929年的国联大会提出一系列对国联盟约的修正案时，没有一个

国家感到惊讶。刚刚在英国掌权的工党政府，渴望完全改变它的前任的消极政策。

然而，其过程证明，它远不像看起来那样简单。巴黎公约是一个道义宣言，它基于一种认为战争是邪恶的共识。国联盟约是一个政治条约，在它的基本条款中，它基于1919年的政治家们认为
121 是切实可行的权宜之计。巴黎公约谴责一切战争，但不惩罚任何战争。国联盟约允许一些战争并禁止另一些战争；但它禁止它惩罚的战争。把精神上如此不同的文件融合在一起，而且还要融合得十分精巧，这是一种超人的工作。如果你只是把巴黎公约的条款硬塞进国联盟约之中，你就制造了一个文件，它的一部分完全禁止战争，而另一部分在某种条件下允许战争——这是一种明显的自相矛盾。如果你打算进行一种更有机的融合，你就留下了一个修正的盟约——它禁止一切战争，但是只让某些战争受到惩罚——这是一种不受欢迎的允诺，即国联盟约的某些部分可以被侵犯而不受到惩罚。

这两种方法使国联看起来既懦弱又无价值。尚有的选择是使盟约第16条的制裁不仅诉诸现有盟约所禁止的战争，而且诉诸巴黎公约所禁止的所有战争。这将不仅要加强国联盟约，办法是使禁止战争绝对化，而且要给巴黎公约以新的力量，办法是如果国联成员国之间违反了巴黎条约就要受到惩罚。这就是1929年英国代表团提出的建议，并得到了法国代表团的热烈支持，后者在这个建议中看到了一种受人欢迎的对安全的贡献。最强烈的反对理由是那些已被证明对日内瓦议定书来说是致命的理由中的一个，即对国联盟约第16条实施范围的任何扩大，都会自动地增加那些将

与实施制裁最有关系的国家的义务。但是这时的英国政府，1925 122
年的主要反对者，并没有让自己被这种担忧所阻止，因此这些建议的修正案看起来能够很容易得到通过。

如果这些修正案在 1929 年交与表决，它们确实可能会获得一致的批准，尽管这或许并不阻碍它们后来落得与日内瓦议定书同样的命运。但是委员会对它们的讨论一直拖到 1930 年的国联大会，到那时一种怀疑主义的气氛已在蔓延。英国和法国代表团坚持己见。但强烈的反对意见来自斯堪的纳维亚国家和日本。该修正案仍然能够被相当大的多数所通过。但是对能否获得正式通过批准该修正案的那种大多数票则存在严重怀疑；于是做出了一个谨慎的决定，即把这个问题推迟到下一次国联大会。到 1931 年 9 月，英国已经处于财政危机和政府变更的痛苦挣扎之中。乐观主义时期已经过去了；于是对建议的修正案的讨论一直拖到闭会仍然悬置不决。

由英国代表团领导的要把巴黎公约纳入国联盟约中的勇敢尝试是通过国联寻求增加安全的最后的重要事件，它开始于 1922 年，并在日内瓦议定书大失败后于 1927 年重新开始。1930 年国联大会之后阴云迅速聚集。1931 年夏天，英国和法国代表团批准了那个总议定书，以及在 1931 年国联大会上签订的一个不很重要
的“增进防止战争措施公约”（它已作为仲裁和安全委员会的“模 123
范条约”中的一个而开始生效），是不再能激发原有热情的几星火花。1930 年的国联大会是最后一次在会上可能产生下述感觉的大会（如许多人在洛迦诺之后感觉到的那样），即这个世界正在一年一年地变成一个更安全的地方，而且国联正在慢慢地建成将被

证明在制止战争方面是一个有效的机构。

杨 格 计 划

我们称之为“和解时期”的两次大战之间的稳定和乐观主义的历史时期，像我们已经看到的那样，主要是由于道威斯计划和洛迦诺公约而带来的法国—德国关系的突然改善。洛迦诺的三人政治家小组——斯特莱斯曼、白里安和奥斯汀·张伯伦继续指导他们各自国家的外交事务直到1929年夏天。在这三人之间培养起来的相互信任和友好关系是那些年中欧洲稳定的一个重要因素；而且这份财富必定被归功于国联，因为只有行政院和国联大会的定期会议才使这些个人关系的发展成为可能。在法国和德国之间的根深蒂固的敌对被悬置起来，而且除了在有关裁军的讨论中，在日内瓦几乎看不到这种敌对。

然而，尽管法—德问题暂时置于幕后，但却从未被忘记。1926
124 年国联大会期间，这次大会同意德国加入国联，白里安和斯特莱斯曼在靠近日内瓦的小村镇图瓦伊进行了一次长时间的私人会晤。根据发表的公报所说，两位官员讨论了两国共同关心的所有问题，并把“他们的观点写进了关于全面解决这些问题的协定之中”，而且已经提交给他们各自的政府去批准。关于这份临时协定的原始文本从未公开泄露过。但不言自明的是，斯特莱斯曼要求立即从莱茵兰撤军并把萨尔归还德国，同时建议以支付赔款的形式作为对这些让步的回报，而白里安个人显然倾向于同意这个建议。然而，法国政府并不准备把凡尔赛条约规定的协约国占领莱茵兰和

国联控制萨尔的期限做这种大大的提前，而且斯特莱斯曼提出的关于赔款账单大数额的资金支付在财政上也是不现实的。图瓦伊会谈没有结果。但是这种挫折并没有立即引起法—德友好关系的倒退。12 月达成协定，结束协约国在德国的军事管制；1927 年 1 月 31 日撤走了协约国委员会。

图瓦伊会谈的两个主要议题——莱茵兰和赔款——在以后的两年中左右着法德关系。凡尔赛条约把被占领的莱茵兰分为三个区，分别在该条约生效后的 5 年，10 年和 15 年撤军。在晚了几个
月之后，第一区于 1925 年底撤退完毕。第二区和第三区在 1930 125
年和 1935 年才到期撤军。现在关系已经改善，德国的基本目标已经变成要使整个莱茵兰立即从协约国的占领下解放出来；而且在这个计划中的一个次要目标就是使法国政府立即把萨尔归还德国而不要等到 1935 年的公民投票。斯特莱斯曼仍然希望用一个新的赔款协定来购买这些让步。道威斯计划显然是临时的。一个德国债务（其总额仍未确定）的最后解决是有利于双方的；而且现在赔款支付已经在正常而顺利地进行，德国还希望能够解除在道威斯计划中包括的对它的财政的令人烦恼的监督。

时间在德国方面起了作用。英国的公众舆论渴望看到结束莱茵兰的占领；甚至在法国，人们也终于认识到占领是一笔巨大的费用，这笔费用应该尽可能快地被用在它能发挥作用的地方。1928 年国联大会期间，德国与五个主要的接受赔款的国家的代表达成了一个协定：应当开始谈判“早日从莱茵兰撤军”问题；应当任命一个财政专家委员会去准备“彻底明确地解决赔款问题”。该协定意
味着同时讨论两个问题。但是法国政府从一开始就说明只有赔款 126

问题解决之后才能撤军;因此注意力便首先集中在解决赔款问题之上了。

1929 年 2 月“财政专家委员会”在巴黎开会。该委员会由签订日内瓦协定的每个国家派出两名专家以及从美国来的两名专家(然而美国政府否认对他们的任命是官方的责任)所组成。美国的资深专家欧文·杨格被选为主席;此后该委员会便被称为“杨格委员会”。该委员会的艰苦磋商持续了 4 个月。1929 年 6 月 7 日它通过了“杨格计划”并将其提交给了各国政府。

由杨格委员会提出的“彻底明确地解决赔款问题”的办法是采取下述支付形式:前 37 年每年平均支付 1 亿英镑(代替道威斯计划的每年 1.25 亿英镑的最高数字),后 22 年每年支付较少数量但足够协约国对美国的战债支付,整个赔款应一直支付到 1988 年。由道威斯计划强加给德国的外国的〔财政〕监督被取消。将不再由债权国而是由德国政府来负责转付这些支付的赔款。但是提出了一种保障防止交付困难的方法。每年大约有 1/3(3300 万英镑)的赔款作为“无条件的”赔款必须支付。其余是有条件的,即允许德国在一旦交付困难的情况下可以在最多两年的时间内延期支付。

127 最后,该计划建议成立一个国际清算银行,其任务是接受和分配赔款的支付,在无条件年金的担保下发行国际信贷,并大体上履行一个国际中央银行的职责。

现在剩下的就是获得各国政府对专家报告的批准,并解决从莱茵兰撤军的细节问题。为了这些目的而召开的会议于 1929 年 8 月在海牙举行,英国的主要代表是新的工党财政大臣菲力蒲·斯诺登和新的工党外交大臣阿瑟·亨德森。

除非经历严重的和意想不到的困难，杨格计划就不会得到通
过。这些困难并非来自德国，而是来自英国。在最近的一些年中，
英国的政策已经表现出一种明显地倾向于同意法国对国际问题的
看法（为此奥斯汀·张伯伦曾在某些方面受到批评）。杨格委员会
的英国专家似乎过于受到这种传统的影响。为了制定符合法国口
味的计划，他们以牺牲英国为代价，同意在 1920 年斯帕协定（见第
54 页）规定的分配给法国的赔款额的百分比方面有一个相当大的
增加。在无条件支付的年金中，将多于 3/4 的部分给予法国；尽管
也做出了安排，在一旦有条件的年金未被支付时补偿英国的这种
牺牲，但是这些安排是复杂的且不能令人满意的。斯诺登表示不 128
考虑法国的特殊待遇，他要求回到斯帕会议的百分比；并以一种好
斗的和顽强的姿态为他的主张而战斗。这使他在几周之内便成为
法国政治家们极其讨厌的人和在英国最受欢迎的人。他获得了他
的要求的大部分；而该会议则以通过对杨格计划的修订版本而结
束。

同时，在该会议的一个政治委员会上，在斯特莱斯曼、白里安和亨德森的指导下进行了从莱茵兰撤军的谈判。工党政府在英国掌权加强了结束占领的普遍要求；而由亨德森发表的无论在任何情况下英国军队都将撤军的公开声明则有效地解决了这个问题。法国政府企图使撤军取决于建立一个委员会去核实〔德国方面〕遵守永久限制莱茵兰军事化的要求被拒绝。该会议达成了一项协议：到 1930 年 6 月 30 日（比预定的日期大约提前五年）所有协约国的军队都应该从莱茵兰撤出，如果到那时杨格计划实施的话。

不存在进一步的障碍。德国帝国银行总裁、杨格委员会的资

深德国专家耶尔马·沙赫特警告世界，杨格计划的要求将证明是超过德国的支付能力的。但是这种预言并未被非常认真地对待。
129 1930年1月在海牙召开第二次会议解决几个未解决的问题，并达成一个类似的几乎没有什么遗漏的关于匈牙利和保加利亚赔款的解决办法。5月17日杨格计划开始生效。六个星期以后，最后的协约国军队离开了德国的领土。

从莱茵兰撤军，以及注定将很快就被取消的赔款问题的“最后”解决办法，是和解时期的最后的重要事件。在进入到下一个时期以前，还要注意几个具有界标性的突出事件，它们预示着从一个时期向另一个时期的过渡。三个政治家的合作是1925－1929年中取得如此之多的成功的重要因素。其中，奥斯汀·张伯伦首先离去了，与保守党政府一起在1929年5月辞职。在10月，在第一次海牙会议结束后五个星期，在它取得任何成果之前，斯特莱斯曼故去了。几乎与此同时，纽约证券交易所发生了大恐慌。它在欧洲的影响是更加直接的，如果你认识到整个赔款结构和协约国的战债支付是如何完全取决于美国的投资者和投机商人是否愿意把美元送过大西洋的话。在更长的几个月中，这个世界继续处于一种自以为是非常幸福的生活之中。1930年1月至4月在伦敦成功地召开了海军会议（见第181页）。同年夏天，当最后的法国军队准备离开莱茵兰时，白里安宣布建立欧洲合众国的时机已经到来，并传阅了一份有关这个问题的备忘录，这份备忘录被国联大会礼貌地提交给了一个委员会。

130 但是这种幻觉并没有持续更长的时间。在1930年国联大会期间，德国国民议会的选举结果揭晓；由一个名叫阿道夫·希特勒

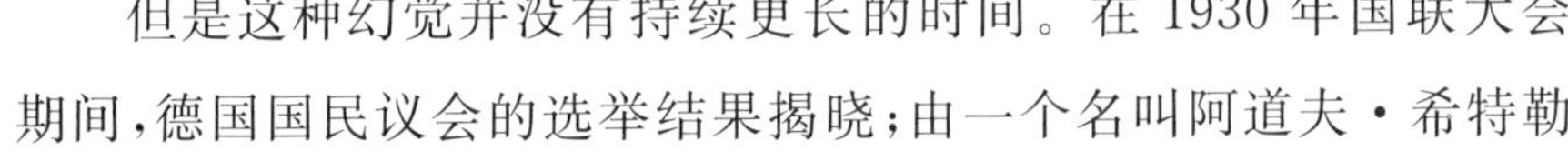

的有吸引力的演说家领导的、迄今为止无足轻重的小党——民族社会主义党或称纳粹党——获得了100个席位，这引起了普遍的惊讶。12月，裁军会议筹备委员会制定出了一份协定草案，它的几乎每一项条款都是意味深长的和引起激烈争论的主题。到1931年，这场经济风暴已经以其最大的力量席卷了整个欧洲；而"危机"一词则变成了国际事务词汇中最流行的一个词。

第三部分

危机时期：回到强权政治（1930—1933）

第七章　经济崩溃

1931 年达到其顶点的这场经济危机的起因在经济学家中仍 133
然是一个争论的问题。本章只讨论它在国际关系领域中的一些征
兆和影响。这场经济危机的第一个国际现象就是 1929 年秋天美
国完全停止了对欧洲的贷款;随之很快到来的就是全世界购买力
的枯竭,并导致了价格的全面而灾难性的下跌。欧洲的债务国受
到双倍打击。它们不再能够从美国借美元去支付它们的债务;而
它们曾经能用以支付债务的商品现在只具有价格暴跌前它们拥有
的价值的一小部分。只有一种可能性仍然存在。1930 年的大部
分赔款和战债已被兑换成黄金;而这种兑换又再一次加倍恶化了
形势。首先,〔黄金的〕这种不正常的向美国的流动造成了人为的
黄金缺乏,这种情况(因为黄金是价值的标准)继续进一步压低了
商品的价格。第二,它迫使那些在黄金储备方面受到这种枯竭影
响的国家禁止出口黄金;在 1931 年一年之中欧洲的大部分国家采
取了这一步骤。而且这些国家在拼命努力保持它们自己的农业和 134
工业继续生产下去并保持有利的贸易顺差的过程中,被迫使用每
一种有利的关税形式,进口限制和定额,出口补助和外汇管制,有
时就变成了国家对外贸的完全控制。正常的贸易往来几乎被完全
终止。失业数字到处都在飞速地上升。半个欧洲破产了,而另外

半个欧洲也受到破产的威胁。

德 国 的 危 机

在德国，由于几个原因，危机是特别严重的。德国是最大的债务国，而且在过去的五年中是最大的外国贷款的接受者。道威斯计划没有排除当时债务国能承受支付的债务的不明确的威胁，也未给德国以指导去遵循一种节约的和谨慎的财政政策；而在匮乏时期达到顶点的大量借债的机会，是一种不可抗拒的诱惑。据推算，在道威斯计划的五年中，德国只支付了五亿英镑赔款，但获得了大约九亿英镑的外国贷款和信贷。这些多出来的钱被用在由国家、市政当局和私人企业进行的建设和重建方面。没有做出认真的努力去平衡预算，因为亏空能够很容易地被短期借贷所弥补。德国的财政，无论是公家的还是私人的，都漂浮在一条不断借钱的河流之上。

135 于是这场崩溃便找上了处于一种特别脆弱状态的德国。它第一次不得不面临这样的状况：没有外国贷款的援助，一年一亿英镑的赔款债务，它每年支付海外的其他政府和私人债务也比这个数字低不了多少，还有六千万英镑的预算赤字。这个国家没有可以求助的国内资金来源。储备金和公积金已由于 1923 年的通货膨胀而被彻底毁灭，而且再也未能积累起来。德国的工业不能对政府进行援救，它也失去了来自海外的大量贷款的刺激；同时由于普遍的衰败和关税与定额壁垒的产生，它被剥夺了它的最好的外国市场。德国的出口价值在 1929 年已经达到 6.3 亿英镑，到 1932 年下降到2.8亿英镑；在同样的年代里，德国的进口以更快的速度下降，从6.7亿英镑下降到2.3亿英镑。登记的失业人数从1929年的200万人以下上升到1932年3月底的最高点，超过600万人。

在一个政治局势总是不稳定的国家里，如此巨大的经济剧变必定要产生严重的后果。1930年3月组成的一届政府，在魏玛共和国的历史上第一次不包括社会民主党人，中央党的成员布吕宁成为总理，同时已接替斯特莱斯曼的柯蒂斯保留了外交部长的职位。在4月份，实现了全面的增加关税和农业补贴——德国成了第一批用这些令人怀疑的特殊方法对付经济萧条的国家之一。在 136
1930年9月的大选中，民族社会主义党或称纳粹党——其政策由严厉指责犹太人、社会民主党和凡尔赛条约所组成——把他们在国民议会中的席位从12个增加到107个。政府仍然没有变化。但是现在民主实际上已经崩溃；德国在许多个月之内仍然由总统法令制度统治着，尽管这种制度可以在字面上与魏玛宪法相一致，但几乎不能在精神上与其相一致。

1931年初对德国的政治稳定存在新的打击。由1930年国联大会任命的考虑白里安的欧洲合众国计划(见第129页)的委员会于1931年1月召开了它的第一次工作会议。这个计划最初主要是政治性的。但是当时的紧急需要显然是经济合作；于是该委员会开始讨论在欧洲国家之间降低贸易壁垒的计划。会议没有取得具体结果。但这些讨论在一个未预料到的方面开始了一系列新的考虑。柯蒂斯和奥地利总理(他为这个委员会而来到日内瓦)都想到：德国和奥地利之间更密切的经济联盟不仅会有助于减少贸易壁垒，而且会做一些事情使那些人感到满意，他们热望两国之间形

成被和平条约禁止的政治联盟。会谈在极秘密的情况下进行;3月21日,一个吃惊的世界了解到德国和奥地利已经签订了一个条
137 约为在它们之间建立关税同盟做准备。其他邻国将被邀请加入这个同盟。

在1930年的国联大会上,欧洲合众国的支持者已经提出了建立区域经济协定的原则。但该原则的这种应用最不合法国政府和小协约国的口味。众所周知的事实是,在一个大国和一个小国之间的关税同盟将不可避免地导致前者对后者的政治统治。如果这个计划得以贯彻,奥地利的独立就将变成一个神话。而且,以德国和奥地利为其主要市场的捷克斯洛伐克几乎不能承受留在该同盟之外的后果。其他多瑙河国家可能紧随其后;而德国将取得经济的、而且最终是政治上的对多瑙河流域的控制。法国和它的伙伴国准备不惜任何代价阻止这种结局。它们能找到反对该协定的合法理由,因为不仅在条约中禁止奥地利转让它的独立,而且在1922年的贷款议定书(见第63页)中,奥地利也保证不加入可能危及它的独立的经济协定。

英国政府的态度是犹豫的。一般说来,英国可以从排除多瑙河流域的关税壁垒中得到任何东西。无论这个计划本身还是它扩大到其他国家都不会不利于英国的利益。但是该计划看起来很可能在中欧引起严重的政治动乱,即使不是战争;而且诉诸呼吁遵守
138 条约义务的要求也不能被忽视。5月,国联行政院一致决定把已经建议的德奥之间的关税同盟是否违反和平条约和1922年的议定书的问题提交国际常设法院。

然而事情并没有靠法律判决来解决。法律条款是含糊的;而

且法国也不准备冒可能做出一个有利于该同盟的判决的风险。它加倍努力诱导奥地利放弃这个计划；这些努力被奥地利发生的严重的财政危机所支持，这场危机将在这一章的后面给以论述。准确地说，只能猜测在这个夏天法国和奥地利政府之间有什么磋商。但9月3日，在德国代表的同意下，奥地利总理对欧洲合众国委员会宣布该计划被取消。两天以后国际常设法院宣布了它的判决。以8票对7票的多数，它判决关税同盟将是有违于和平条约和那个议定书的。在多数票中包括法国、意大利、波兰和罗马尼亚的法官，在少数票中包括英国、德国和美国的法官的事实，给这个判决带上了某种政治色彩，它并没有加强该法庭作为一个独立法庭的威望。

否决德奥关税同盟的直接后果对欧洲是一场灾难。在中欧，该计划被拒绝预报了一个无法避免的长期政治动乱和经济混乱的时期的来临。在德国，它促成了魏玛共和国的最后崩溃。在 139
1920－1933年之间的每一届德国政府的威信最终取决于其外交政策的成功或失败。当关税同盟的计划失败时，柯蒂斯，这位斯特莱斯曼的政策和原则的最后代表，由于这个丢脸的事件而辞职。总理布吕宁接替外交部长的职位；而纳粹党加倍进行他们的宣传来反对凡尔赛条约的耻辱。

灾难之年

整个1930年，人们仍可能相信：尽管这场危机是难对付的，但是正在过去，世界经济生活中的糟糕形势将被克服而不会有任何结构方面的根本混乱。但 1930－1931 年的冬天粉碎了乐观主义的最后防线；而认真的人们开始议论即将到来的文明的崩溃。在 1931 年中重大的事件如同雨点一般接连不断地落到一个发狂的世界上，以致这一年的历史成了一个几乎是不断灾难的记录。

到 1931 年春天，超负荷运转的国际支付机制正在慢慢地走向停止，唯一不确定的是这个机制将崩溃的那个准确地点。这个地点证明是维也纳；这场崩溃在关税同盟争论最激烈的时候到来，尽管没有证据证明这两个事件之间的联系。5 月，最重要的奥地利私人银行，克雷迪特—安斯塔尔银行被认为处于无力支付的地步。
140 为了避免一场普遍的金融恐慌，奥地利政府通过一个法令保证克雷迪特—安斯塔尔银行的外国债务；英格兰银行也预支给奥地利国家银行 600 万英镑，以一种无益的努力去阻止破产的倾向。法国银行以关税同盟的计划为由而拒绝提供帮助。

但是到此时，克雷迪特—安斯塔尔银行的崩溃被认为只是世界范围内的破产和缺乏信心的一个标志。恐慌穿过边界扩展到德国。外国的债权人们加紧收回它们的短期贷款，在三个星期内德意志帝国银行便失去了价值 5000 万英镑的黄金。中欧和东南欧的较小国家，除了捷克斯洛伐克以外，都面临拖欠支付它们的外债，其中包括匈牙利、希腊和保加利亚依靠国联的帮助而获得的贷款。

在南半球，澳大利亚和阿根廷由于农业价格的悲惨下跌而被迫于 1929 年底暂停黄金支付；巴西由于咖啡市场的崩溃而在第二年效仿它们。这些灾难是对英国的严重打击，因为它在这三个国家中都有巨大的财政利益。最近几个月来，从英格兰银行不断有黄金外流，主要流向法国，它是目前欧洲在财政上最强大的国家；而到 1931 年夏天这一过程加速了。据估计在 6 月世界黄金储量的 60%（不包括苏联手中的黄金）不是在美国就是在法国。进一步用黄金支付很快将变成不可能的事。141

当普遍不履行支付的情况似乎就要到来时，美国总统胡佛向全世界发出了一个建议，把外国政府应向美国政府支付的所有债务延期一年支付，条件是同样的拖延也适用于包括赔款在内的所有其他政府之间的债务。这种在经济危机中对协约国的战债部分的默认，是一种具有伟大勇气和政治家风度的行动。但这种承认是过时的，而且该建议的目的之一显然是为了恢复德国的以及总的说来是欧洲的信心和购买力，以利于美国的债券持有者和出口商。但这些照顾并没有减少由胡佛带来的信心。协约国政府在国际财政形势的现实面前同样反应迟钝，而且在意识到它们的真正的利益之所在方面也远非明智的。

胡佛的建议唤起了普遍的乐观主义。它的道义影响是如此巨大，以致似乎在几天之内信心就会完全恢复。但法国再次成为一个障碍。与任何其他国家相比，法国获得的赔款收益大大地超过了它的战债负担。它比英国，更不用说比美国更关心继续支付赔款，而不是关心德国财政和商业的复苏。在欧洲只有法国反对胡佛的延期偿付。当它最终同意时，它附带的条件是，杨格计划的无
条件年金应在形式上由德国支付给国际清算银行，但立即再借给 142
德国国家铁路公司，而且应按全部拖欠支付的年金总额收取利息。它花了两个星期的艰苦的讨价还价，只为了获得这个结果；而这个拖延对胡佛的建议已经引起的瞬间的信心是致命的。危机的气氛

比以前增长得更加剧烈。就在胡佛延期偿付建议为所有国家接受仅仅一个星期以后，最大的德国银行中的一家便停止了支付。

胡佛的缓债令暂时对政府之间的债务做出了安排，但即使在这个障碍被排除的时候，私人债务仍然存在，并引起了一个不能解决的问题。德国所处的状态是：马克向海外的任何进一步的输出都将引起 1923 年灾难的重演。它的外国债权人除了同意延缓支付所有的德国债务之外别无他法；而这就引起了伦敦的财团的严重困难，因为他们在短期债务方面有大量的固定资金被套牢在德国。

英国本身现在正处于严重的财政危机之前的困斗之中。在 1925 年 4 月繁荣时期开始之时，英国政府采取了已被证明是蛮干的措施，即把英镑以其战前的价格重新建立在黄金的基础之上。不久以后，法国、意大利和其他几个欧洲国家也恢复了金本位，但条件是在它们的通货中相当大地减少了最初的黄金价值。于是法国的法郎，由战前 25 法郎兑换 1 英镑，到现在则变成了 125 法郎
143 兑换 1 英镑。几乎毫无疑问的是，法国和其他一些国家尽管可能不是故意的，但却是把它们的货币建立在过低的汇率的基础之上。这种做法的结果将是在大多数欧洲国家中把工资和工业品的价格保持在实际上大大低于英国的工资和工业品的价格的水平上，并在牺牲英国出口的情况下刺激这些国家的出口贸易。而且，除了英国之外的每一个大国都遵循通过高关税使进口处于不利地位的政策。1927 年的经济会议（见第 110 页）提出的降低关税和排除其他贸易壁垒的建议无人理睬；而英国政府在 1929 年提出的“停止关税战”的建议，即签订不增加现有关税的协定，几乎没有获得

支持。

只要繁荣继续下去，只要世界贸易继续发展，英国就仍然能够做到不负债。但它比任何其他大国都更少地享受了 1925－1929 年的贸易繁荣。它的贸易逆差年复一年地增加。1930 年德国第一次超过它（大约 3000 万英镑）而成为最大的出口国家；而美国是这个名单上的第三大国，在除了英帝国、英帝国自治领（除了加拿大）和斯堪的纳维亚之外的所有市场全都处于领先英国的地位。当危机爆发时，这种竞争力的下降证明对英国的稳定是致命的；世界贸易的崩溃特别严重地打击了总是从运输和向其他民族的商业提供资金的方法中获得巨大利益的国家。支付平衡日益变得不利起来。信心因税收的迅速减少而受到进一步削弱，到 1931 年 7 144
月，税收的减少导致了 1 亿英镑的财政赤字。外国的债务人感到惊恐。在 7 月底的一周之内，从英国流失了 2100 万英镑的黄金。来自法兰西银行的一大笔借款几乎没有阻止英镑的外流，外流一直持续到整个 8 月。8 月 24 日工党政府辞职并由国民政府作接替，国民政府提出了一个追加预算，打算以节约开支和增加税收的办法平衡 7000 万英镑的预算赤字。但是在舰队中的一次由于对减薪不满而发生的小暴动再次破坏了信心；于是 9 月 21 日，英国政府禁止黄金出口。用一句熟悉的话来说，英镑"逃离了黄金"；在几天的时间之内，英镑的价值，黄金和金本位货币的价值下降了大约 25％。

英镑作为一种重要的国际货币的地位是如此强大以致产生了反常的和预料不到的结果。英镑的下跌，而不是英国价格水平的上涨（一种国家货币跌落的正常的和自然的结果），引起世界价格

水平的随之而降。但是在另一方面，它在英国的影响完全是有利的，它给正在逐渐衰落的出口贸易以刺激并给缓慢的但实实在在的复苏打下了基础，它的第一个海外影响仍然是继续进一步恶化了低廉的和无利可图的价格灾难。另外，1931 年 10 月的大选使国民政府获得了压倒多数的胜利，从而为英国放弃它的传统的自
145 由贸易政策和实行对工业制品全面征收关税和对许多农产品实行定额铺平了道路；而且在 1932 年渥太华会议上，英国和英国自治领签订了若干特惠关税和进口定额的协定，外国不能从这些协定中获利。这些措施十之八九是恢复英国贸易的必要条件。但是，尽管为时已晚，英国现在坚持的几乎是世界性的经济民族主义的政策，在恢复迄今为止所理解的正常状态的道路上设置了一个新的难以克服的障碍。

英国放弃金本位是这场危机的顶点，这个“榜样”很快就为斯堪的纳维亚国家、新西兰和（稍晚些时候）南非联邦所效法；而 1931－1932 年的冬天或许是自 1918 年以来最黑暗的时期。它有其要处理的政治和经济的急务。9 月 19 日[①]，日本开始军事冒险，这场冒险使它在不到一年的时间里便占有了富饶的中国满洲[②]。1932 年 2 月 2 日，裁军会议在日内瓦开幕；没有什么消息灵通人士能看到它有任何前途，而只是深深的悲观主义。日本在满洲的行动和裁军会议将是以后两章的主题，本章剩下的内容将是勾勒到 1933 年中期的经济危机的进一步发展。

① 即中国的 9 月 18 日。——译者

② 中国东北的旧称。——译者

赔款的终结

欧洲国家现在分成三种类型:一些国家保持黄金自由出口并 146
实际上处于金本位制——法国、意大利、比利时、荷兰和瑞士(有时称为"黄金集团");一些国家正式放弃金本位制——英国、瑞典、挪威、丹麦、芬兰和爱沙尼亚(有时叫做"英镑集团"),加上西班牙、葡萄牙和希腊;剩下的国家由于禁止黄金出口而实际放弃了金本位,但通过控制所有的外汇兑换而把它们的货币保持在一种人为的与黄金价值对等的地位。

在最后的和由人口最多的人形成的类型中,德国是一个突出的例子;而且长期赔款争论中的最后阶段给债权国政府提出了一个新的争论题目。通过帝国银行,德国政府现在对德国的外汇有实际的垄断权。法国主张德国政府有义务在支付一切其他外债之前优先转付杨格计划的无条件年金。英国的回答是,首先,这个要求即使在法律上是合理的,但也是荒谬的,因为显然首先必须为基本的德国进口付款;其次,比起德国应当支付的赔款来说,恢复对德国的借贷以使它能够清偿它的商业债务(在这方面英国远比法国更加关心)是更紧要的。关于优先次序这个微妙的问题可能从 147
未达成协议。但 1932 年 1 月,在胡佛延期偿付令到期之前,布吕宁用宣布德国既不能也不会在任何情况下恢复赔款支付的方法解决了这个问题。这个态度部分是受到了对国内政治考虑的支配。民族社会主义分子反对凡尔赛条约的运动正在取得进展;而且没有一个政府能经受得起在赔款问题上采取一种非"爱国主义"的

路线。

因此，紧要的问题是在1932年7月1日胡佛延期偿付结束之前达成某些协议。法国政府尽管私下里已经认识到赔款已成空文是不可避免的，但还不能面对公开承认赔款已经死亡的事实。直到6月才在洛桑召开了一个会议，并同意取消所有的赔款要求，作为回报，德国以发行年利5%的可兑换债券的形式一次支付1.5亿英镑。债权国政府单独签订了取消它们之间的战债的协定，而使它们批准这个主要协定的先决条件是它们对美国的战债得到圆满地解决。但是现在诸如批准还是不批准洛桑协定(实际上它从未被批准)的主张都是不现实的考虑。任何人想要使德国恢复支付赔款的打算都是不可想象的。历史上的长长的一章就这样一劳永逸地结束了。

然而，胡佛缓债令的到期的确以一种实际的形式重新提出了
148 协约国对美国的战债问题。幸运的是下一笔分期支付金要到12月15日才支付；不幸的是总统选举应在11月中旬举行。尽管美国首先听到了这场经济危机的隆隆雷声，但美国感受到这场风暴的最大威力却稍稍晚于欧洲；而且它在1932年秋天以前就达到了它的顶点。大选在一种极为悲观的气氛中举行。大多数选民认为他们很难相信胡佛总统所做的任何一件事情是正确的。无论如何，胡佛的缓债宣言并没有帮助美国，这是很清楚的；而且当美国财政部面临8亿英镑的财政赤字时，这不是谈论取消欧洲债务的时候。无论选举的结果如何(事实上富兰克林·罗斯福赢得了一个彻底的胜利)，协约国政府修改他们的债务的要求只能遇到断然拒绝。在这种情况下，英国有些不情愿地支付了12月的分期支付

金。法国政府建议也这样做，但下院拒绝了这个建议；于是法国和其他主要债务国一起不履行债务的支付。

由英国在1932年12月支付的债款是任何一个债务国最后一次全额支付。在1933年6月和12月，英国每次名义上支付200万英镑，这被美国政府认为足以逃避承认不履行债务的事实。在下一次分期偿付金应支付之前，美国的新立法阻止了这种象征性的赔款的重复；而且再不曾有款支付。实际上，1932年看到了折 149
磨这个世界达10年以上的赔款和协约国之间战债的混乱而戏剧性事件的最后一幕。洛桑会议把它们都埋葬在同样的被拒绝支付的坟墓之中。

世界经济会议

洛桑会议决定在下一年召开全面的经济会议——这是自1927年日内瓦会议后的第一次；美国政府接受邀请参加会议，但条件是不能讨论协约国之间的债务。在该会议召开之前，在美国发生了许多事。1932－1933年冬天，危机在美国达到顶峰，据推测（因为没有留下官方记录）失业人数达到1500万人。当富兰克林·罗斯福在1933年3月就任总统时，整个财政体制处于崩溃的边缘。到下一个月，美国放弃了金本位，而美元的价值很快就贬值了大约30％。

正是在这个事件的阴影之下，1933年6月，世界经济会议在伦敦开幕了。这是空前的最大规模的会议，有64个国家出席；这是送给仍然对集中人类的智慧抱有信心的人们的一个引人注目的

礼物。但是在经济问题和裁军问题之间的不可思议的相似很快就显示了出来。正像法国和它的盟国多年来主张安全是裁军的必要
150 前提条件一样,在世界经济会议上法国也作为一个国家集团的领袖出现,它坚持货币稳定是任何关于减少关税或放弃定额的协定的前提条件。最初前途似乎并不是特别无望。英国政府尽管强烈要求减少关税,但同时对希望货币稳定表示赞赏并公开表示愿意进行谈判。美国国务卿和美国代表团团长科德尔·赫尔也这样做。但美国财政部初次体验弹性货币,更敏锐地注意到它的优点而不是它的缺点。罗斯福总统发表了一个声明等于否认了美国代表团的调和态度;而一位专家匆忙地从华盛顿赶来为财政部的观点辩护,使之免遭稳定货币者的攻击。这种稍稍有损尊严的事件是对该会议的致命打击。会议一直拖到7月底,在签订了关于小麦市场和白银价格的次要协定后,便无限期地休会了。这次会议的重要作用在于:它无可置疑地证明世界经济危机不能用任何的万能药来治愈。

最后的阶段

世界经济会议失败了,因为无论各代表团对下一步有什么看法,他们都寻求最终把现在不可改变的形势拉回到过去——低关税和固定货币时期。它的失败把政治家们的思想转向新的途径。
151 显然,经济的民族主义和国家的贸易管制已经稳定下来,而且作为未来的国际体制的基本事实必须被面对。尽管有这些障碍,但是情况已经开始改善,虽然这种改善最初并不被人注意,然后不断发

展。在英国，这种改善的起点似乎是1932年7月，当时按3.5%的利率把按5%的战争贷款发行的大量公债进行了成功的兑换。在美国这种改善的起点似乎是从1933年3月起，商品价格上涨并恢复了对外贸易，而且从美元贬值和罗斯福总统的“新政”中获得了有力的刺激。复苏开始慢慢扩展到其他地方。最初复苏限于那些放弃了金本位的国家。但是包括被称为“英镑集团”的国家，以及美国和日本等国家，它们的贸易不可忽视地占了世界贸易的一半以上(英国一国就占了大约1/4)，便决定了潮流的基调。在两个国家之间通过直接谈判而达成的双边商业协定取代了大规模的国际合作计划。国际资本投资实际上仍然暂时停止。每一个国家都只照料自己。医治经济的万应药渐渐失效；而国联的财政和经济组织则使它们自己专注于日常的工作和研究。

英国在双边协定的新政策中起了带头作用。在世界经济会议的第二年，英国与阿根廷、斯堪的纳维亚国家和波罗的海国家，以及同苏联和波兰签订了包括相互降低关税和保证购买〔对方货物〕的双边协定。与法国、德国和荷兰的协定是防御性的措施，旨在对 152
付那些抵制英国货物的国家实行的使英国受到威胁的不公正待遇，但并未导致贸易的任何实质性增长。1934年罗斯福总统从国会得到授权去同其他国家签订包括降低美国关税的贸易协定；于是美国就与许多美洲国家、包括加拿大，以及与一些欧洲国家签订了这样的协定。繁荣以更缓慢的速度在仍然坚持金本位的国家中得到恢复。1934年和1935年，意大利、波兰和比利时都脱离了黄金集团，前两个国家确立了外汇管制；后一个国家对它的货币实行了官方贬值；金本位最终在1936年9月停止存在，当时法国、瑞士

和荷兰都贬值了它们的货币。

然而，尽管人们不能断言经济和财政稳定未曾完全恢复，但是1933年可以说是标志着当代历史的一个特殊时期——众所周知的世界经济危机时期的结束。在这三年的时间里，这个世界一直在焦急地考虑如何解决它的经济困境，但是没有找到解决的办法。1933年，经济阴云中的第一道裂口与政治地平线上的一道新的阴云同时发生。日本与德国退出国联和裁军会议的即将崩溃作为政治方面首先要处理的急务，再一次主宰了国际事务，而且尽管这些政治急务本身在很大程度上是由于经济因素所引起的，但是它们使这场经济危机的纯经济方面的考虑在人们的思想中处于了一种从属的地位。

第八章　远东危机

日本在远东的地位可以与德国和意大利在欧洲的地位相比。153
它的自然资源不足以维持人口的迅速增长。它认为它被作为一个暴发户来对待，而且其他大国妒忌地拒绝满足它的愿望。在华盛顿会议上盎格鲁—撒克逊国家联合施加压力迫使它放弃它在战争中的战利品并同意中国领土完整的原则。1923 年一场灾难性的大地震进一步迫使它放弃采取任何军事冒险行动的打算。但 1924 年美国的移民法——该法案最终拒绝日本的移民进入美国——被认为是一个巨大的侮辱；而且美国在这个问题上的政策被几个英国的自治领所效法。1925 年，英国政府决定实行一项在新加坡修建第一流的海军基地的长期计划，似乎是对日本野心的另一个障碍。亚洲大陆仍然是日本扩张的唯一区域；是日本不仅能以平等地位，而且能作为征服者而出现的唯一地区。但是直到 1931 年 9 月，日本才重新开始发动华盛顿会议已经劝诱它放弃的
进攻；在谈到这个事件之前，有必要对在此期间的几年里中国与列 154
强关系的主要线索予以评论。

华盛顿会议后的中国

1911 年的革命使中国成为国内冲突的牺牲品；到 1919 年，广州地区已经完全独立于北京政府，该政府对这个国家的其他地区实行有名无实的统治。1922 年在华盛顿会议召开的几个月中，内战爆发并蔓延到中国的整个北部和中部，这些地区分别属于相互对抗的督军或各省总督的权力范围，在最北方，满洲在精力旺盛的张作霖的统治之下实际成为独立的地区。在中部，吴佩孚是几个督军中最有实力的，但从未能够成功地统一这个国家。在南部，广州是国民党，换句话说就是民族主义党的大本营，它由年轻的中国知识分子们领导，他们曾在西欧或美国、或在中国的美国人办的学校中接受教育，并吸收了民主和民族自决的思想。国民党的主席孙中山在中国是最杰出的人物，他集幻想家和先知以及一个机敏的政治家的性格于一身。1923 年孙中山成为广州政府的首脑，他任用一个名叫鲍罗廷的俄国人作为他的主要顾问，后者很快在苏联的国际主义和中国的民族主义之间建立了有效的联盟。

155 这些国内纷争和中国政治中的另一个重要问题——反对外国控制——有极密切的关系。在 19 世纪，列强强加给中国一系列所谓的“不平等条约”，根据这些条约，中国不得不承认在中国的领土上生活和进行贸易的那些国家的国民享有许多特权。在这些特权当中，有两项是最重要的。第一，中国的进出口关税被协定限制在
156 最高 5％的水平上。第二，列强在中国享受治外法权。它们的国民不受中国法律的约束和中国法庭的审判，而且除了征收那些间

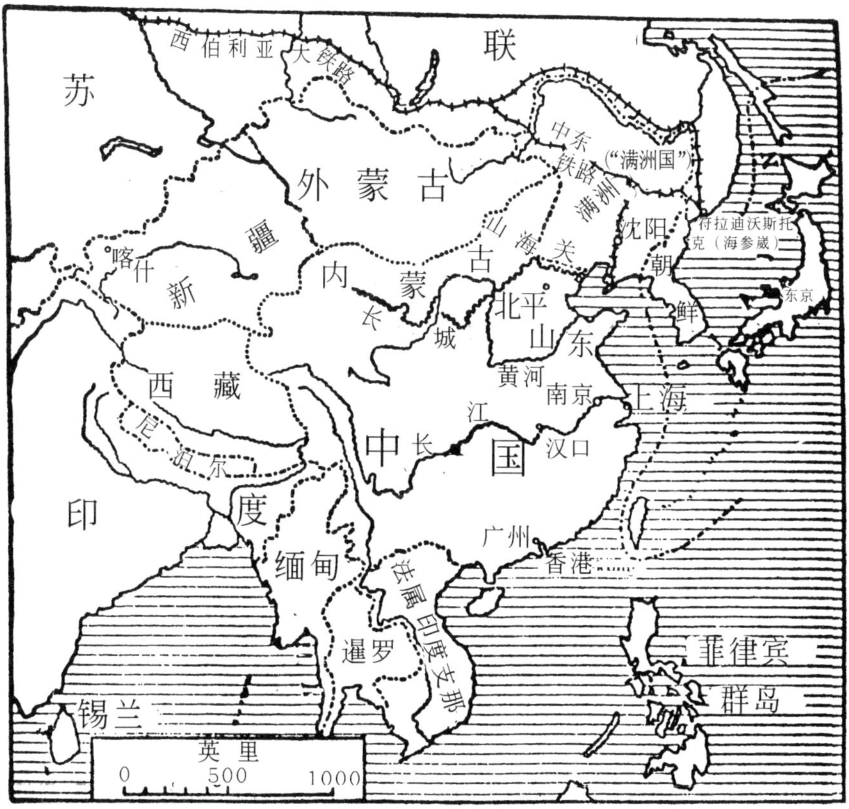

远　东

接税之外不缴纳税款。在涉及外国人的案件中，无论外国人是作为原告[①]，或是作为被告，都由他自己国家的法官并根据他本国的法律审判。而且，中国同意在所有主要的港口划出为外国人居住的区域；而且在一些港口的这些区域已经发展成在外国自治政府管理下的“租借地”和“租界”。在其他地方还有面积相当大的“租借地”，其租借权实际达到把主权在若干年的时期内转让给有关列

① 原文为 accused 被告，但似应为 accuser 原告。——译者

强的程度。

在第一次世界大战之前，这些特权已经令受过教育的年轻一代中国人深恶痛绝；而且在这场战争结束时，德国和俄国失去了它们在中国的特权，旨在取消其他国家的“不平等条约”的民众运动迅速发展。华盛顿会议寻求用来对付这种民众运动的办法是维持〔中国民众的〕早日减少这些外国特权的希望。特别是列强承诺召开特别会议，目的是批准在现有的5％的关税上直接附加2.5％的附加税，并最终使关税增加到12.5％；另外，更有点儿含糊的是，他们保证建立一个委员会去调查和报告在中国的外国人和司法机构的治外法权问题。然而，华盛顿会议一结束，便再也没有紧迫感
157 去履行这些诺言了。内战为这种拖延提供了充分的理由；而且在这种不安定的条件下似乎也不可能取消厘金（即对国内运输的货物征收的税），这是提高关税的条件之一。

无论能为这种拖延找到多么好的理由，它都使国民党占了便宜。国民党似乎成了中国民族独立的斗士。1925年3月孙逸仙逝世了。但他的逝世使他在中国享有了中国民族主义保护神的公认地位；而且他的名字成为反对外国控制的民族起义的象征。在苏联的影响下，排外情绪发展成严重的毫不留情的仇恨。鲍罗廷尽其所能地将这种仇恨首先指向英国，这个“不平等条约”的最初倡导者，同时也是他自己国家的主要敌人。英国在中国利益的巨大发展使它很容易成为众矢之的。但是如果不是1925年5月在上海的公共租界发生的一个不愉快的事件，鲍罗廷的影响也许并不一定有效，当时中国学生参加一场和平示威游行，反对在日本人所属的纱厂的工人的工作条件，他们被英国官员领导下的工部局

巡捕房〔的巡捕〕开枪射击。巡捕房的这种过激行动似乎缺少正当的理由；而英国当局随后对事件的处理更是火上浇油。一场远为严重的开枪事件在几周之后发生在广州的英国租界。愤怒的浪潮席卷全国；并开始了一场抵制英货的运动。

同时，在鲍罗廷的巧妙支持下，国民党的影响不断扩大，并对 158
北方督军的力量产生了崩解性的作用。1925 年秋天在北京终于召开了修订关税的特别会议。但 1926 年初由于没有与之谈判的任何权威性的〔中国〕政府的出席，该会议被迫放弃了它的工作。北京尽管仍然是外国公使馆的所在地，但已不再是中国的首都。重心已经向南方转移。1926 年 10 月，广州的国民政府再次首先采取行动，在未等到列强批准的情况下，就在它控制的港口开始征收 2.5％的附加税。

英国政府现在才明智地认识到，现在是与正在发展的民族主义的浪潮——中国唯一现实的力量——达成协议的时候了。1926 年 12 月，它采取了两个引起巨大影响的步骤。英国公使去汉口与国民政府的外交部长会晤——这是承认国民政府作为中国政府的第一个行动；而且在北京的英国公使馆发表了一个备忘录，强调英国政府同情中国的民族主义运动。该备忘录宣布强加给中国的外国保护的想法是不合时宜的，表示准备讨论条约的修改，并建议各国应立即同意在全中国征收 2.5％的附加税作为修改条约的第一步。

在这个被宣布的政策生效之前，风暴来临了。1927 年 1 月 1 159
日，国民政府把它的大本营从广州迁到汉口，作为国家的首都，汉口处于更中心的位置。几天以后，中国的民众冲进汉口的英租界；

于是一个师的英国军队赶到上海去保卫公共租界以免受到同样的袭击。2月,英国政府与国民政府签订了一个协定,从法律上认可在某些条件下,英国把汉口租界转交给中国管理。这种妥协政策,通过保卫英国人的生命和财产的决心来调节,很快就被其结果证明是有道理的。事实证明,1927年在两个重要的方面成为转折点。

第一,1927年看到了鲍罗廷影响的突然的和戏剧性的结束。莫斯科的革命的国际主义和国民党的爱国的民族主义之间的联盟总是有些人为的性质。只要目标是把中国从外国的控制下解放出来,他们就能有足够好的合作。但是在1927年初,国民政府已在汉口站稳脚跟并打算使自己变成全中国的中央政府时,国民党便分裂成了两派。左派的目标是继续党的革命传统与鲍罗廷合作。右派受到英国新的态度的强烈影响,渴望获得列强的尊敬和承认。

160 恰巧这时右派发现了一个强有力的领导人蒋介石将军,他并不赞同共产主义,也不寻求俄国顾问的帮助。蒋介石在南京建立了对抗的国民党政府,并向汉口政府发出了一个开除鲍罗廷和共产党员的要求。7月,这个要求得到执行。鲍罗廷和他的俄国顾问们被送回了莫斯科,而许多中国共产党人被投入了监狱。政府所在地从汉口移到南京,之后南京一直是中国的首都。

第二,1927年亲眼目睹了在中国的国际关系中的重大变化。两年来,英国在中国对外国的憎恨中首当其冲。日本确实遵循着它在华盛顿会议上接受的自我克制政策,一直处于幕后,而它的贸易却由于中国抵制英货而受益。但在中国重建一个统一的国民政府的前景改变了英日双方的位置,并且在英国和日本的中国政策方面也显示了基本的不同。英国的在华利益只是商业的，它真诚地希望中国是一个有秩序的和统一的国家，只有在这样的国家里贸易才能得到繁荣。而日本对它的邻居的事务的关心首先是政治的，它更希望看到中国的衰弱、分裂和无力与日本的霸权相抗衡或挫败日本的野心。特别是日本讨厌看到华北处于一个中央政府的有效控制之下的任何前景。

因此，当1927年5月国民军队北伐并到达距北京以南大约 161
500英里的黄河之畔时，日本政府感到吃惊。日本军队在山东省登陆，并带有阻止民族主义者前进的明显企图占领了某些战略地点。这个行动表明，日本在华盛顿会议上迫于列强的压力而放弃的对山东的野心仍然未死，这引起了全中国的强烈反应。前两年表现出的对英国的敌对情绪现在转而针对日本，轮到日货受抵制了。面对日本的敌对，远至北京的整个华北承认了国民政府的权威。但是关于满洲，日本是坚决的；而且当1928年4月张作霖表现出要与南京达成协议的迹象时，他就在一场神秘的炸弹爆炸中被炸死了。很多人认为这是日本的一个阴谋。

于是到1928年中期，中国的形势本身已经明朗化，而且为1931年的引人注目的事件布置了舞台。内战继续断断续续地进行着。在华中的一些省份，共产主义仍然有旭日东升之势。在一些边远省份，国民政府的控制力是虚弱的或是不存在的。在满洲，日本的势力阻碍了与南京方面的任何合作。但名义上中国再一次统一在一个中央政府的管理之下。在国际上，日本恢复了作为中国最主要的妖魔的角色；常常出现的对日本的担心在中国对其他外国利益的态度方面起到了使之冷静的作用。自1919年以来中 162

国在处理国际关系方面所产生的摩擦，没有一个时期像 1927－1931 年那样少。

日本占领满洲

准确地说，是什么情况使日本决定采取第一个公然的侵略行动的日期是一个令人猜测的问题。在日本的文官当局和军人当局之间存在长期竞争。二者都同样渴望确立日本作为一个大国的地位。文职的政治领导人认为与英国和美国的意见协调一致就能最好地达到这个目的，而军部（军队并不对文官政府负责而直接对天皇负责的事实使军部的地位得到加强）则寻求把日本的伟大建立在军事征服政策的基础之上。文官一方在华盛顿会议上取得了胜利，并且在几乎长达 10 年的时间里有足够的力量去抑制军队的行动。但自 1927 年以来，中国对日本利益[①]的挑衅性态度使日本生气。那场经济危机在 1929－1931 年之间砍掉了日本外贸价值的几乎一半，存在着严重的国内动乱的危险。1931 年夏天，在满洲的中国土匪杀死一个日本官员的事件被用来煽动舆论；而 9 月，军队则把形势掌握在它自己手中。这个选择的时间无论是有意还是无意，都是英国正处于财政和政治危机的苦斗之中。

根据结束俄日战争的条约，日本获得了在满洲驻扎大约15000
163 名士兵的权利，以保卫南满铁路，这条铁路线从横穿西伯利亚的大

① 所谓的“日本利益”，实际上是日本凭借不平等条约获得的所谓“条约权益”。——译者

铁路向南到旅顺港。这些警卫队被限制在铁路区域内，其司令部设在沈阳。1931 年 9 月 18 日—19 日夜里，一支日本的巡逻队在靠近沈阳的地方发现或声称他们发现一支中国士兵支队打算炸毁铁路干线。日本警卫队迅速动员，跟着就发生了一场小规模的战斗。作为这场战斗的结果，在沈阳的一万名中国士兵被缴了械或被解散。四天之内，沈阳北部 200 英里之内的所有中国的城镇——它们当中有一些远在铁路的区域之外，落入日本的占领之中。中国的省政府的首脑是张作霖的一个儿子，撤出了沈阳，并在锦州保持一种虚幻的存在。到 11 月中旬，北满的广大人烟稀少的领土便落入日本人的手中。然后日本军队转向南方，在这一阶段的军事行动中，日本使用了轰炸机。12 月 28 日，锦州陷落。1932 年 1 月 4 日，日本人到达了长城上的山海关——满洲和中国本土的边缘车站。[①] 日本人完成了对满洲的征服。

日本无视国联行政院的窘境而坚决实施了它的军事行动计划，在这段时间里的行政院几乎一直在开会。中国政府立即根据盟约第 11 条将此事诉诸国联——这一条款规定，只有获得全体一 164
致的同意，国联的决定才能被采纳，而且国联在过去的所有成功都是在这一条款下取得的。[②] 日本代表代表他的政府否认有任何吞并中国领土的打算，并解释说日本军队的行动是由于需要保护日本人的生命和财产免遭中国土匪的侵犯。行政院重新使用它在希

① 在一些西方学者的著述中，常常把中国东北地区与中国长城以南的地区分割开来，将后者称为“中国本土”。这是一种误解。——译者

② 实际上这里所说的规定只有获得全体一致的同意国联的决定才能被采纳的条款，是国联盟约的第 5 条的规定，而不是第 11 条的规定。——译者

腊—保加利亚争端（见第 105 页）中取得成功的方法，拟订了旨在为日本撤退铺平道路的决议。该决议说明，日本代表保证“只要日本国民的生命和财产的安全得到有效保护”，他的政府将“尽可能迅速地继续把他的军队撤退……到铁路区域”，并表示希望这种解决办法和其他为“恢复正常关系”而制定的措施能够迅速得到完成。1931 年 9 月 30 日，该决议得到一致通过，而行政院则休会两个星期，尽管担忧但并非垂头丧气。

巴黎公约禁止利用战争手段；在华盛顿签订的九国公约（见第 21 页）要求其签字国尊重中国的独立与完整。正是由于这个原因，日本才如此顽固地坚持它的满洲冒险行动不是战争行动，而是“警察行动”，而且它并不打算兼并中国的领土。然而在以后的日子里，这种虚伪的理由变得越来越难以维持。当行政院在 10 月 13
165 日复会时，日本显然不仅继续破坏国联盟约，而且破坏巴黎公约和九国公约；于是这立刻引起了美国的登场。美国领导人很快就意识到，日本的行动已经在争夺太平洋的权力斗争中打开了新的一章。美国政府不仅以少有的热情欢迎行政院的努力，而且以在北平和东京发出外交抗议来支持这些努力；并暗示行政院主席白里安，向美国发出参加行政院活动的邀请在华盛顿也并非不受欢迎。

行政院因这种讨好的和令人意外的建议而感到兴奋，于是犯了它的第一个错误。当白里安在行政院面前提出邀请美国政府派一个代表团出席行政院会议的建议时，日本代表团立即反对这个建议，理由是该建议违宪。国联盟约第 17 条规定了非国联成员国能够被邀请出席行政院会议的唯一条件，而这种条件并不存在。在长时间的辩论之后，这种反对被驳回。理由是有点诡辩的，即行政院的其他成员国认为对美国的邀请是一个程序问题，它由大多数同意就能实行；于是10月16日，美国代表在行政院的会议席前就座，并宣称他将只参加有关支持巴黎公约的讨论。热情是巨大的。乐观主义者私下里说，国联即使失去了日本，但赢得了美国。
但事态的发展很快表明乐观主义是为时过早的。美国政府过于害 166
怕在美国的反对国联的舆论，以致不允许它的代表扮演任何积极的角色；于是当行政院在下个月复会时，美国的合作再次仅限于同行政院的各个成员进行私人的和非官方的会谈。

同时，有关美国参加行政院会议的争论已经扩大了日本和行政院其他成员国之间的分歧。双方的态度都变得强硬了。日本要求与中国直接谈判作为撤军的预备行为，并拒绝通知行政院它的条件是什么。而行政院其他成员国则继续坚持日本军队撤退到铁路区域作为谈判的准备。10月24日，一个决议被提交表决，要求日本“在规定的下一次行政院会议的日期前”，即在11月16日之前完成这种撤退，但为日本代表的唯一反对票而否决。显然调解已经失败。盟约第11条的程序已经用尽。

然而，盟约第11条在国联兴盛的日子里获得的威信是如此巨大，而且如此不愿意诉诸盟约第15条的程序——在该程序下能够做出否决当事者投票的决定——是如此的强烈，因此没有立即作出诉诸盟约第15条程序的决定。在巴黎召开的行政院的冗长会议从11月16日一直延续到12月10日，行政院继续想方设法在第11条的规定下解决这个问题。结果是彻底的僵局。但是对失
败的公开承认被拖延了，原因是行政院一致同意向远东派出一个 167
国联调查团去现场调查“影响国际关系，威胁到扰乱中日之间和平

的任何情况”。对该调查团的权限的唯一限制是它不能“介入双方的军事安排”。该调查团由五大国的代表组成（英国、美国、法国、德国和意大利），它的主席是英国的代表李顿勋爵。

在李顿调查团能够开始它的工作之前，形势发生了其他引人注目的发展。中国用它的传统武器——抵制日货来回答日本的侵略；而且这种反日情感如此高涨以致事件频频发生。1932 年 1 月底，发生了这样一个事件，在上海的一伙日本僧侣被袭击，其中一个被打死，该事件给了日军一个理由去教训中国人。大规模的日本军队在上海登陆，并利用公共租界作为它的基地，进攻闸北近郊，闸北受到空中轰炸并燃烧起来。但是长期占领上海并不是日本当前计划的部分；而且李顿调查团于 3 月初到达中国也刺激日本希望结束这种不光彩的小事件。在经过有英国公使作为调解人而进行的拖长的谈判之后，5 月，日本军队从上海撤出。与此同时
168 日本在满洲巩固了它的占领，办法是建立一个傀儡的“满洲国”，并任命前清王朝的最后遗族溥仪为其“执政”。在这一年的晚些时候，日本正式承认了这个“共和国”[①]，它实际上作为一个独立国家被日本顾问管理着。

日内瓦的形势也发展了。1 月 29 日，在上海的战斗进行过程中，中国政府最终要求履行国联盟约第 10 条和第 15 条，并乘此时机要求召开一次特别国联大会。中国要求把该事件转交给国联大会的目的是明显的。小国最担心侵略，它们从一开始就表现出比大国更热衷于对日本实行高压政策并对日本进行强制制裁的打

① 1934 年改称“满洲帝国”，“执政”改称“皇帝”。——译者

击；而且在国联大会中小国占绝大多数。特别大会于3月召开并听取了许多精彩的发言。但是在它得到李顿调查团的报告之前它不能恰当地做出它的裁决，可是直到秋天，李顿调查团的报告才准备好。整个夏天，日内瓦处于裁军会议的挣扎之中，赔款问题也正在洛桑得到处理，因此远东问题在相当程度上被忘记了。

9月底，李顿调查团的报告到达日内瓦，11月提交到行政院。它是一份冗长的详尽的文件，不仅涉及满洲事件，而且几乎涉及了
中日关系的各个方面。它毫不犹豫地拒绝日本力图说明它对满洲 169
的入侵行为是合理的各种借口，并宣布“满洲国”的独立是一个完全伪造的事实。在其他方面，它并不否认过去中国对日本的态度是不正确的和挑衅性的。它宣称无论是恢复原状还是维持伪满洲国都不是对争端的令人满意的解决办法，并建议应在满洲建立一种自治制度作为在国联主持下中国和日本谈判的结果。

李顿报告书依次被国联行政院、国联大会和一个国联大会的委员会考虑，根据盟约第15条的要求，该委员会受托草拟一份报告的任务。这份报告紧密遵循李顿报告书的方针。它建议中国和日本应当在国联大会成立的一个委员会的主持下谈判日本军队的撤退和在中国的主权下在满洲建立一个自治制度等问题。它提议国联成员国应当拒绝在满洲的现有政权；但它同样拒绝任何原状的恢复。

然而，这份报告的最重要的特点是它的那种技巧，它用这种技巧避免了任何可能引起的要求按照盟约第16条实行制裁的表示。它直截了当地讲述了国联盟约、巴黎公约和九国公约的义务。但
它并未得出日本已经侵犯了这些义务的结论。它并未正式接受日 170

本的关于满洲的军事行动只是一个警察行动的论点，但它引用并同意李顿报告书的看法，即“当前的事件并不是一个国家在没有预先竭尽全力地利用国联盟约中提供的和解机会便向另一个国家宣战的事件，也不是由一个邻国的武装部队侵犯一个国家的边界的简单事件”。这一段话的重要性是很明显的。如果日本没有诉诸战争，它就没有破坏盟约，就不能提出使用盟约第 16 条。事实上，从未讨论制裁。在该报告中建议的唯一惩罚是最初由美国国务卿建议的惩罚，而且美国政府准备在这个建议的惩罚中给以合作：不承认“满洲国”。

1933 年 2 月 24 日，该报告由国联大会投票。在出席的 44 国的代表团中，有 42 票同意该报告。暹罗[①]弃权，而日本投票“反对”；但是争端双方之一方的否决票不能影响一致通过这个报告。这个结果刚一宣布，日本代表团就全体离开了会场。一个月后，日本正式声明终止它的国联成员国的身份。

通过这个报告之后，国联大会任命了一个委员会“注意形势发展……并帮助国联成员国协调它们之间以及它们与非国联成员国之间的行动和态度”。苏联政府仍然拒绝与国联的政治机构发生
171 任何关系。美国政府真诚同意合作，并为该委员会任命了一个代表。但国联的努力现在实际已经用尽。该委员会的考虑仅限于两个特殊问题：对远东的武器出口，以及不承认决议的实际结果。对于第一个问题，没有获得任何结果。英国政府有点缺乏逻辑地禁止从英国运输武器到中国和日本。但是，当没有人仿效这个榜样

① 泰国的旧称。——译者

时，禁运就被取消了；而且没有做出进一步的努力去限制对双方提供武器。至于第二个问题，该委员会解决了某些与一个不被承认的国家的复杂的邮政和商业关系问题，以及驻节在那里的外国领事的地位问题。“满洲国”享受了与外部世界交往的最大的实际利益，但它的存在并没有得到除了日本以外的任何大国的正式承认。

对国联的影响

日本占领满洲是第一次世界大战以来最重要的历史界标之一。在太平洋，它意味着重新开始曾经被华盛顿会议暂停的权力之争。在整个世界，它预示着回到“强权政治”，自战争结束以来，“强权政治”，无论如何在其赤裸裸的形式上曾被搁置起来。自和
平协定以后第一次大规模地进行了战争(尽管是在警察行动的借 172
口之下)，而且巨大的领土被这个征服者所兼并(尽管是在一个独立国家的借口之下)。对国际联盟来说，它的盟约和它的理想被嘲弄，其后果是不可预测的。很难反对这种结论，即国联成员国(而且特别是大国，保卫盟约的主要担子必然落在它们身上)并不准备抵抗由一个强有力的和武装齐备的国家采取的侵略行动。

为了减轻这种失败，可以强调许多理由。考验到来的时刻是整个世界正在遭受大规模的和灾难性的国际贸易萎缩时期。似乎有道理的缘由是，如果像盟约要求的中断与日本的财政和经济关系，将意味着无必要地恶化普遍的经济灾难。英国的海军与日本相比，是一个国联成员国拥有的唯一的第一流的舰队；但如果日本

用进攻制裁国家在中国的财产的方法对付经济制裁，英国海军是如此地远离它的正规基地，因此几乎不能提供足够的防御。不断增长的看法是，这是一个例外事件，它不能作为一个惯例来对待。距离太远了。盟约第 21 条的拟定者和洛迦诺公约的制定者明智地承认安全的区域性。任何国家都不能被指望对世界的其他地区
173 实行制裁；而在国联大会的报告中小心强调的中国的反常状态，证明了未能严格实行国联的规则是有道理的。并不因为国联盟约已经在远东失败，就由此证明盟约在离家更近的地方也不是一个有效文件。在满洲争端的后期阶段，这种令人安慰的看法似乎使除了中国代表团以外的每一个人都得到满足，中国代表团伤感地说，“不能指望中国承认那些条约、盟约和已被接受的国际法原则的有效范围停止在满洲的边界上”。

此外，国联已经从满洲事务中得到了无可争辩的好处：美国的友善。的确，一个美国代表参加行政院的活动是一时的。仍然不能肯定的是如果经济制裁得以实行，美国是否会在这些经济制裁活动中与国联合作。显然，无论如何也不能指望美国的军事合作。美国的国联成员国的地位仍然十分遥远。尽管存在所有这些限制，但美国的舆论对国联的态度已经发生了决定性的变化。美国政府公开欢迎国联关于这个问题的每一个决定——这是美国政治中的一个新动向。如果不是美国参加裁军会议的令人沮丧的结果，这个行动可能已经走得更远了。

在满洲争端的进程中，国联发现自己同时还要处理另外两场
174 战争——都在南美；而在这里美国政府也鼓励和支持国联的行动。

这两场冲突的第一场是关于查科[1]地区的冲突，查科是多年以来在玻利维亚和巴拉圭之间争夺的一个偏僻的无人居住的地区。1932年爆发常规战争，次年巴拉圭正式宣战。这场争端由国联最初在盟约第11条款下、然后在第15条款下处理。几乎所有的国联成员国以及美国都对交战双方强加了对军事物资供应的禁运。但每一种努力都证明是无效的。战争继续按照它的进程发展，并于1935年底以巴拉圭的胜利而结束。另一场争端起源于秘鲁占领小块哥伦比亚领土莱蒂西亚以及其毗邻的土地。哥伦比亚依据盟约第15条诉诸国联行政院，1933年3月，行政院发表了一个通告要求秘鲁撤退。最初，秘鲁无视这份传票。然而不久，秘鲁的国内事件使它有了一种更理智的心境；当年的下半年，一个国联委员会访问了莱蒂西亚并监督它回到哥伦比亚的管区。不过，无论是国联在查科的失败，还是它在莱蒂西亚的成功，都未能把公众的担心从更严重的满洲问题和裁军会议转移开。

① 旧译"厦谷"。——译者

第九章　裁军会议

175 裁军会议如果在1925－1930年期间召开，它是否会取得成功，这是一个令人推测的问题。但是有一点是肯定的，那就是，当它最终于1932年2月召开时，正值经济危机的高峰和日本最激烈地进攻上海的时候，因此它成功的可能性便几乎消失殆尽了。在经过满洲的丢脸的大失败之后，裁军会议的失败标志着开始于1930年的危机时期达到了顶点。然而，在叙述裁军会议本身之前，必须先简要回顾一下裁军会议10年的筹备工作，这些筹备工作为大会的召开铺平了道路。

裁军问题

在凡尔赛条约中，协约国曾宣布，严厉裁减德国军备的目的是“推动所有国家普遍限制军备成为可能”；同时根据盟约第8条，国联成员国承诺“为了维持和平，要求把国家的军备减少到足以保卫国家安全的最低限度”。因此，一方面，协约国政府曾向德国保证（即使不是法律上的也是道义上的保证），当德国解除武装时，他们
176 也开始普遍的裁军。另一方面，他们也承认“国家安全”在任何裁减军备中都是一个压倒的因素。这两个原则之间的冲突构成了裁

军问题的主要内容。

国联盟约第 8 条责成国联行政院制定裁军方案，“供各国政府考虑和实行”。1920 年 11 月行政院任命了一个“临时混合委员会”，它由文官和陆海空三军的代表组成，以帮助行政院完成这个任务。但在裁军领域中赢得的第一个胜利是在华盛顿会议上。在那次会议上，主要海军大国的海军吨位和比例为明确的数字计划所限制（见第 20 页）。它使国联能够在处理陆军编制（因为空军仍在其初期阶段）的所有重要问题上运用同样的原则；于是在 1922 年，英国在“临时混合委员会”的代表为陆军的限制提出了一个数字方案。把陆军分成设想中的以三万人为一个单位的若干个单位；每个大国被分配给这些单位中的若干个（就像战舰一样）。于是法国将拥有六个单位，即有陆军十八万人，意大利拥有四个单位，英国有三个单位，等等。但遗憾的是，这个简单的计划遭到了几乎每一个欧洲国家的军事专家的谴责。他们似有道理地强调，就一艘已知吨位的战舰来说，它或多或少是一个可以衡量的标准的东西，而且它装备的大炮的最大限额已为人所知，但是一个三万
人为单位的部队本身并不是可测算的力量，而且它的实力的改变 177
几乎可以无限地与其武器装备的改变成正比。第一个具体的地面部队裁军方案就这样被不光彩地搁置了。

但盟约第 8 条仍然存在，而且必须对它做点什么。正是在这个时候，法国代表团根据“国家安全”的条款，提出了以增加安全作为裁军的必要条件的理论，并得到了英国代表团对他们的看法的赞同（见第 88 页）。以后的三年是草拟相互援助条约、日内瓦议定书和洛迦诺公约的年代。在这个时期，除了企图在华盛顿条约的

基础上限制小国的海军军备的失败的努力，以及一个从未生效的旨在控制国际军火贸易的协定之外，在裁军领域无所事事。

正是洛迦诺公约的签订和德国即将进入国联，再次推动裁军机器开始运转。在洛迦诺会议的最后议定书中，签字国都同意这种看法，即这些协定的签订将“有效地促进由国联盟约第8条规定的裁军”；于是从此以后，德国坚持要求其他国家裁军便成为裁军进程中的一个决定性因素。1925年12月，国联行政院任命了裁
178 军会议筹备委员会，它于1926年5月召开了第一次会议。德国、美国和苏联都被邀请成为这个委员会的成员。前两个国家很快就接受了邀请，而苏联则在第二年才同意参加。

然而进展是缓慢的。1926年的大部分时间被两个“技术”分委员会所占据，他们花了大量精力来确定要被限制的和被减少的军备的种类。直到1927年3月，当时英国和法国代表团提交了裁军公约草案时，筹备委员会才真正开始它的主要工作。实际上这些草案只是空洞的东西。它们没有具体数字，只是提出框架用来表明应当限制什么以及如何去限制它们。但即便如此，这些草案也暴露出广泛的意见分歧，而且其中的许多分歧是基本的。在军队人员的问题上，法国代表团希望只限制现役人员；而英国、美国和德国则希望限制所有受过训练的预备人员。在军备问题上，德国代表团要求对凡尔赛条约中强加给德国的所有重要的武器类别都加以明确的数量限制；法国代表团希望用限制在军备方面预算开支的间接方法(这是迄今为止尚未强加给德国的唯一限制形式)去限制军事物资；英国和美国代表团则认为任何对军事物资方面的限制都是不实际的。在海军军备问题上，法国和意大利的代表

团只希望限制海军的总吨位；英国和美国的代表团希望对每一种 179
类的舰只实行分别限制。在预算问题上，法国代表团希望限制开支；英国和意大利的代表团希望用一致同意的形式详细公布开支情况；美国和德国的代表团不希望对预算做任何种类的规定。该委员会记录了这些分歧意见后休会，以做进一步的考虑。

同时，美国政府提出了一个出人意料的建议。由于对这个拖延的厌烦，美国邀请其他华盛顿海军条约的签字国出席一个会议，目的是对那些未曾受到该条约限制的类型的军舰做出安排。法国拒绝了这个邀请。它准备用海军的让步作为最后的手段去换取对它来说更为至关重要的问题上的对等让步；但是把海军裁军作为一个单独的问题加以讨论，这对它显然是不利的。意大利也随之仿效。但英国和日本接受了邀请；于是三国会议于 1927 年 6 月在日内瓦开幕。

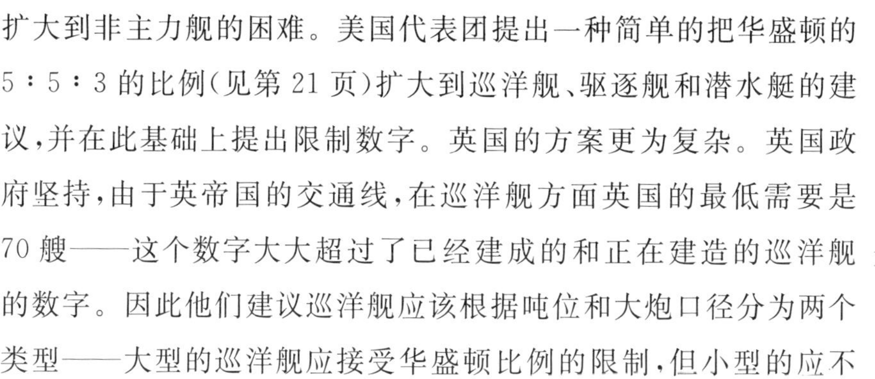

美国和英国政府似乎都严重低估了将华盛顿海军条约的限制扩大到非主力舰的困难。美国代表团提出一种简单的把华盛顿的 5∶5∶3 的比例（见第 21 页）扩大到巡洋舰、驱逐舰和潜水艇的建议，并在此基础上提出限制数字。英国的方案更为复杂。英国政府坚持，由于英帝国的交通线，在巡洋舰方面英国的最低需要是 70 艘——这个数字大大超过了已经建成的和正在建造的巡洋舰 180
的数字。因此他们建议巡洋舰应该根据吨位和大炮口径分为两个类型——大型的巡洋舰应接受华盛顿比例的限制，但小型的应不受任何限制。他们还建议缩减主力舰的规模。简言之，英国政府希望通过全面缩减舰只规模以节约开支，但要求在小巡洋舰方面不受限制，或无论如何给以一个高额度的限制。美国政府认为没

有理由缩减任何种类的舰只的规模。他们拒绝考虑对巡洋舰的限额超过现有的数量，并怀疑英国政府的要求是想逃避在华盛顿已经接受的对等原则。日本代表团处于中间人的地位，并且给人的印象是愿意接受两个主角可能达成的任何协议。但是关于巡洋舰问题的分歧证明是不可调和的；于是会议以承认失败而结束。这是裁军事业的第一个公开的挫折。

日内瓦海军会议的失败使1927年的国联大会罩上了一层阴影，在日内瓦的国联大会现在采取的方针是通常只要裁军前途看起来黯淡便会采取的方针，即建议进一步研究安全问题。筹备委员会的秋季会议由于苏联代表团在M.李维诺夫率领下第一次出席而有了生气，李维诺夫雄辩地提出全面和普遍裁军的要求。这
181 个建议没有得到支持；但按照更传统的路线发展又受到春季会议的未解决的僵局的阻碍。在这种情况下，委员会根据国联大会的决议任命了一个“仲裁和安全委员会”，它的工作前已叙及（见第115页）。在以后的两年时间里裁军再一次退居幕后。

直到1929年形势才出现了转机的迹象。那年3月，赫伯特·胡佛成为美国总统，三个月后，麦克唐纳的第二届工党政府在英国执政。这些变化或许促进了双方长期希望得到的和解。在那年秋天麦克唐纳访问了美国；作为这次访问的结果，双方决定于1930年1月在伦敦召开另一次海军会议。这次法国和意大利以及日本都接受了邀请，尽管法国仍反复重申它的海军、陆军和空军的军备相互依赖的看法。

伦敦海军会议的过程与上一次完全不同。英国已经把它在巡洋舰方面的要求从70艘减到50艘；这个数字使达成协议成为可

能，尽管无论是对英国还是对美国来说，它都表明了是一种重整军备的措施而不是裁减军备的措施。现在正是法国接替了从前英国扮演的角色。它的代表团坚持它的殖民地范围广大，因此保持一支大规模的巡洋舰队对它来说是必须的，而且法国既反对英美关于把华盛顿的比例扩大到非主力舰的建议，也拒绝意大利提出的与法国对等的要求。更为重要的是，日本第一次公开表示不满意 182
华盛顿条约强加给它的不平等，并提出了一个与英国和美国在所有种类舰只方面对等的试探性要求。它最终被相当困难地说服接受将华盛顿比例（它允许日本的吨位达到英美吨位的 60%）用于大型巡洋舰，条件是允许它在小型巡洋舰和驱逐舰方面为英美的 70%，以及在潜水艇方面与英美对等；4 月，在这个基础上签订了限制条约。然而法国的反对证明是难以对付的，因此该协定只限于英国、美国与日本。同时出席会议的五大国都同意把华盛顿条约延长五年。

这种部分的成功鼓励国联重新开始它的努力。德国已经获得了莱茵兰撤军的胜利，可以自由地集中精力于裁军问题；因此在日内瓦，德国要求更加迅速地取得进展的压力日渐强大。于是决定筹备委员会应在 1930 年秋天举行最后的会议，而且无论结果如何，随后都应该召开已长期拖延的裁军会议。筹备委员会的最后一次会议几乎并没有解决紧紧纠缠着该委员会早期会议进程中的那些关于限制原则的分歧。但一个空洞的摆摆样子的公约草案（其中仍然没有具体数字）被大多数国家不同程度地予以通过，而反对者则在脚注中记录了他们的反对与保留意见。这样一个文件是没有什么实际价值的；而且当大会召开时，它实际上并未被大会

183 所使用。但是它的作用就在于记录和说明了那些关于裁军的基本意见分歧,这些分歧必然为大会所面临。筹备委员会五年的工作所取得的成就也就是这么多了。现在道路已经畅通。裁军大会于1932年2月2日得以召开。

裁 军 会 议

裁军会议由61个国家的代表,包括五个非国联成员国的代表出席,以阿瑟·亨德森为主席。当1931年夏天亨德森获得这个任命时,他是英国工党政府的外交大臣。但工党政府于8月辞职,而且在接下来的大选中,亨德森失去了他在议会的席位。因此他是以个人的身份作为会议的主席的。这是一个意外的不幸。一个在英国政府中担任要职的主席,在责成会议面对问题并做出决定方面将处于一种强有力的地位。尽管最后的结果或许是相同的。但使会议丢脸的拖延的犹豫不决和借口推诿或许能被避免。无论是法国还是英国政府都由于没有任命部长级的代表团常驻日内瓦并且未能采取连续一贯的政策,从而加重了会议的困难。德国的内部形势产生了更加不幸的影响;因为1932年5月,布吕宁的软弱
184 而温和的政府被狡猾而残暴的巴本所取代,巴本敏锐地意识到抢在民族社会主义者们之前行动的重要性。这些较次要的小障碍,加上经济危机和日本对满洲的侵犯等更为严重的大灾难,决定了裁军会议未来的命运。

筹备委员会给裁军带来的是隐藏的危险而不是有希望的进展;而且毫不令人惊讶的是,尽管裁军会议通过了一项决议,接受

筹备委员会的公约草案作为它工作的一个“框架”，但实际上会议的进程则完全不同。法国代表团先发制人，在一份提交会议传阅的备忘录中提出建立一支国联的警察部队的建议。那些拥有主力舰、大型潜艇和重型大炮的国家应当将这些武器置于这支国联部队的支配之下，而且这支部队还应该独家拥有轰炸机。该建议得到几个欧洲小国的支持。但是英国和美国对这个建议极为反感，他们历来反对建立一支超国家的武装部队的主意，德国也持反对态度，它认为这个计划是把真正的裁军问题搁置起来的另一个花招。法国并不想为建立国联武装部队的建议施加压力。但是只要会议开始讨论一些具体的裁军措施，法国代表团就准会提醒说，增加法国的安全是法国同意裁军的一个不可变更的条件。

英国外交大臣在他的公开讲演中提出的一个建议，更直接地
影响了裁军会议的进程。约翰·西蒙先生建议，会议应该考虑的 185
是即将为人所知的“质量裁军”，即不是在数量方面限制军备（这是筹备委员会考虑的主要裁军形式），而是通过完全废弃某些类型的武器，特别是那些用于进攻而不是用于防御的武器来裁军。这个清晰的建议得到了广泛的支持；于是，一些代表团提出诸如重炮、坦克、潜艇、轰炸机和毒气等武器是特别有攻击性的武器。然而，当这个问题提交给由海军、陆军和空军专家分别组成的三个委员会讨论时，情况很明显，在如何区分进攻性武器和防御性武器方面不能获得一致意见。例如，当英国和美国代表团认为潜艇是进攻性武器而战列舰是防御性武器时，其他代表团却持完全相反的看法。许多代表团将所有的坦克都视为进攻性的武器。但法国代表团提出只有超过 70 吨的坦克（一种迄今为止还不存在的坦克）才

具有进攻性，而英国代表团则建议以 25 吨为限。德国代表团单有一个固定不变的评判标准：所有被凡尔赛条约禁止的武器都是进攻性的，其他都是防御性的。但是，即使这个评判标准也不能使他们免于明显的自相矛盾；因为当他们坚持所有的军用飞机都是进攻性武器的同时，他们却坚决反对任何控制民用飞机的建议，而民用飞机在凡尔赛条约中也是被监督的对象。只有化学武器委员会
186 一致建议，应该禁止在战争中使用毒气（一个已经通过 1925 年的国际公约取得的成果）。但是，并没有制定限制生产或拥有毒气的计划。

直到 6 月份各个委员会才报告了这些可怜的结果。但由于人们的兴趣转向了洛桑会议（见第 147 页），裁军会议被进一步拖延。美国提出的一个基于全面裁减现有武装力量和军备的 1/3 的原则的建议，被英国礼貌而冷淡地接受，英国在其中看到了削减它的巡洋舰数量的阴谋；而且当 7 月中旬，各代表团开始考虑一个决议去报告到夏天休会前所取得的进展时，他们由于没有任何值得记录下来的成就而陷入困境。7 月 20 日提交大会的一份决议记录了达成一致的意见：(1)禁止空中轰炸，限制飞机数量并管理民用航空；(2)限制超过最高限额（尚未决定）的重型大炮和坦克；(3)禁止化学战。41 个代表团投票支持这个决议，八个代表团（包括意大利）弃权，两个代表团（德国和苏联）反对。德国代表团自始至终地坚持其他国家必须裁减军备到凡尔赛条约的水平或承认德国重整军备的权利的原则，宣布“只有清楚而明确地承认各国拥有平等权利”，德国才能参加裁军大会的进一步工作。

187 在休会期间的谈判没有任何结果；于是当会议于 10 月复会

时，德国没有出席。在两个月的时间里，会议实际处于停滞状态，唯一值得注意的东西是法国的一份新的安全计划，以及法国提出的将所有国家的武器制造业置于国家垄断之下的建议。德国问题占据了支配地位；并最终在12月11日找到了一个解决办法。英国、法国和意大利承认德国关于"在一个为所有国家提供安全的体系中拥有平等权利"的要求，于是在这些条件下德国同意重返裁军会议。尽管需要"安全体系"仍然是留在法国手里的一张王牌，但它已经勉强接受了平等的原则。裁军会议的第一年就带着这种有限的希望结束了。

1933年1月裁军会议再次复会。但12月妥协的唯一实际后果，是使法国对安全的要求与德国对裁军的要求尖锐对立。当3月中旬大会已经完全陷入僵局时，英国首相来到日内瓦并向大会提交了后来被称为的"麦克唐纳计划"。这个计划使大会第一次拥有了一个包括实际裁减欧洲的每一个国家的军队和军备数目的公约草案。它得到了诚恳的对待。但是人们几乎已经失去了对达成裁军公约可能性的信心。在接下来的四周里对该计划的辩论再次表明，在基本问题上存在的共同之点是如此之少；6月，会议休会， 188
并用现在已经习以为常的方式表示，希望在休会期间通过私下的谈判澄清那些明显的分歧之点。

从1月底以来，希特勒已经成为德国的总理，现在纳粹政权的地位已经得到巩固。这个事实自然使法国更加不愿意对德国的要求让步。然而，这也使不再拖延地与德国达成协议变得更为必要。不幸的是，在1933年夏季休会期间唯一发展的计划是法国的把裁军公约分为两个阶段的计划。在为期四年的第一阶段，或称为试验阶段，将建立对军备的国际监督体系，并开始重组国家的军队；严格意义上的军备限制将只在第二阶段进行。英国和意大利政府赞成这个建议。在 10 月 14 日裁军大会的常务委员会会议上约翰·西蒙正式表示支持它；但是几个小时之后德国就宣布退出裁军会议和国际联盟。

德国的退出是一个重大的打击；因为德国已经越来越成为裁军问题的焦点。大会休会了 6 个月，同时包括德国在内的主要大国通过外交照会交换他们的意见。1934 年 2 月，艾登访问了巴黎、柏林和罗马。他在柏林停留期间，希特勒主动提出，接受对德
189 国陆军的任何限制，只要这种限制也平等地被法国、意大利和波兰所接受，并提出德国的空军将保持在其周边国家联合空军力量的 30%，或法国空军力量的 50% 的水平上，而不管哪个数字更低一些。法国政府的回答是抗议这个“使德国重整军备合法化”的建议，并坚持安全保障和对违约的惩罚是裁军公约的基本条件。英国政府询问，如果满足了安全保证的条件，法国是否倾向于同意希特勒的建议。最后法国政府在 4 月 17 日答复说，最近公布的德国的军事预算清楚地表明了德国重整军备的打算，因此法国不准备讨论德国的建议。

这个回答是裁军大会的真正结束。大会又拖延了几个月，期间它的各个分委员会考虑的是诸如军火的制造和贸易以及公布军事预算等次要问题。但是会议的进程变得断断续续，而且它的整个存在都变成了间歇不定的和不现实的。1934 年过去以后，裁军大会再也没有开过会，尽管它从未正式宣布闭幕，甚至也不像世界经济会议那样宣布休会。会议的主席于 1935 年秋天逝世。

裁军会议苟延残喘地死去是开始于 1930 年经济危机爆发的
战后历史时期的最后插曲；而且在时间上和开始于希特勒在德国
夺取政权的新时期有几个月的重叠期。的确，这两个事件相互之 190
间有着紧密的关系，而且共同标志着从一个时期向另一个时期的
转变。协约国未能履行他们的裁军保证，为德国的重整军备提供
了一个正当的理由，或无论如何也提供了一种辩解的理由。德国
的重整军备必然导致增加其他国家的已经增长的担忧并增加他们
已经扩充的军备；而且 1919 年的政治家们希望打破的恶性循环再
次开始了。回到强权政治，这个 1931 年在远东首先表明的东西，
在 1933 年遍布了整个世界。

四　国　公　约

在这里还要简要地附带提及一个事件，尽管该事件与裁军会议只有偶然的联系，但也处在两个时期的分界线上，并且表明了在德国重新作为一个军事大国出现之前的意大利的政策。当 1933 年 3 月英国首相带着他的“麦克唐纳计划”到日内瓦之后，他继续在西蒙的陪同下去了罗马，与墨索里尼讨论裁军问题。墨索里尼本人从不相信裁军，而更愿意讨论其他问题。他们刚一到达意大利，意大利方面就向这些客人们提出了一份建议在意大利、英国、法国和德国之间缔结四国公约的草案。

在过去的十年里，意大利政策的主要目标是坚持与另一个拉
丁大国——法国的平等。意大利特别痛恨法国的殖民优势和法国 191
通过它与波兰和小协约国的联盟在欧洲获得的力量。它的殖民野

心必须等到更合适的时机。但是与此同时，意大利通过支持匈牙利反对小协约国来抵消法国在中欧的影响，通过支持保加利亚反对南斯拉夫来抵消法国在巴尔干的影响。匈牙利和保加利亚这两个受它保护的国家的整个外交政策的目标就是要修正凡尔赛和平条约，这使意大利成了“修正主义”的斗士。这也使意大利与德国这个最大的修正主义强国有了一个共同的基础；于是从 1929 年起，意大利与德国的关系便越来越密切。因此，1933 年春天，意大利的目标就是尽可能快地恢复德国与其他大国的平等地位；削弱法国的卫星国，波兰和小协约国；以及促进对和平条约的修改。

在交给英国大臣们的公约草案中，这些目标是十分明显的。根据公约草案的条款，四国宣布，它们打算以确保“在必要时其他国家也同样”接受的那种方式彼此协调他们的欧洲政策。很明显，这样它们就使自己攫取了欧洲的霸权；而法国的盟国则被降为二流角色。其次，四国公约宣布它们的共同政策的要点之一将是考虑修正和平条约。这是对小协约国和波兰的又一个打击。第三，
192 四国保证，如果裁军会议不能找到一个解决问题的办法，它们将承认德国有权分阶段重整军备。最后，它们承诺，在所有“欧洲以外的问题上”，以及“在殖民地领域”，将协调它们的政策。由于四国中的两个国家怀有殖民地野心，因此这就意味着打算去研究如何能够满足这些野心的方法。

除了有关殖民地的条款之外，在这个公约草案中再没有什么直接影响英国利益的东西了。但是英国的大臣们从中看出，它的大部分内容极不合法国政府的胃口（也不合德国政府的胃口），但该草案已经同时送交法、德两国；而且它们明智地拒绝承担义务。

实际上，法国的反对是非常强烈的，这种反对由于波兰和小协约国的愤怒抗议而得到强化。然而，法国政府不是直接拒绝该建议，而是决定为消除它的令人讨厌的部分而工作；在经过两个多月的一系列外交磋商之后，这个目的达到了。在修改了的文本中，四国承诺，“在国际联盟的框架内”与所有的国家合作。它们重申了盟约的第 10 条和第 16 条，这些条款保护了现有的秩序，它们还重申了盟约的第 19 条，该条款表明了对修改盟约的保护。它们将在一起讨论裁军会议留下的尚未解决的、与它们特别相关的任何问题。有关殖民地的问题完全没有提及。因此这个修改了的文本能使任何一方都不受到伤害。该文本是如此地温和，以致在最后的时刻，
德国几乎拒绝接受它。但是，1933 年 6 月 7 日，四国的代表终于 193
在罗马顺利草签了这个条约。

小协约国宣称它满意这份最后的无害的文本。但是不愉快的情绪在小协约国中蔓延，因为意大利向它们的至关重要的利益进攻，而法国却对保护它们过于冷漠。波兰的自尊心受到了更严重的伤害。波兰这个小国中的最强大者，深深痛恨意大利这个大国中的最小国家把它成功地排除于精选的欧洲政策领导者的集团之外。它向法国发泄它的忿恨，因为法国以牺牲波兰的尊严去满足墨索里尼的虚荣心。因此，尽管四国公约从未生效(法国和德国都未能批准它)，但是它达到了它的一个目的，那就是通过在法国和它的盟国之间播种仇恨而削弱了它们之间的同盟关系。这种做法同时为大国之间的新组合铺平了道路，而这种新的结盟是德国政策新方向的结果。

第四部分

德国的重新崛起：条约体系的终结（1933—1939）

第十章　纳粹革命

1933年1月30日，希特勒成为德国总理，该政府由3名纳粹 197
党人和8名民族主义者所组成；国民议会被解散以准备新一届大选。在去年7月的大选中，纳粹党获得了230个席位，在国会中成为唯一最大的政党。它现在希望确保一个绝对的多数。2月27日，大选正在进行，国会大厦在一种可疑的情况下被烧毁；而这个行动就被用来作为大肆逮捕被指控的共产党人和共产党的同情者的一个借口，搜捕行动部分由警察执行，但主要是由身着褐色纳粹制服的非正规的武装力量指导的。这次大选使纳粹党的议员增加了92席；从这一点来看，所有尊重法律和宪法形式的虚伪假象都消失殆尽了。犹太人、社会民主党人和共产党人实际上都成为非法。他们中的大多数人被赶出自己的家园，被关进集中营或在肉体上遭受长期的非人虐待。发生了大量暗杀活动，但却没有任何人打算将这些凶手绳之以法。其他党派中的那些抵制和批评这个新的独裁统治的成员也遭到类似的对待；于是到1933年年中，除
了纳粹党之外的所有政党和党派组织都被迫解散了。从此，国会 198
除了偶尔开会为总理宣布的政策热烈鼓掌之外，没有任何作用。1934年8月兴登堡去世后，希特勒以压倒性的多数票被选为德国总统，并兼任总理职务。

在外交政策领域，新政权的第一个声明就是对和平的再次保证。希特勒强调放弃任何要求以武力修改凡尔赛条约安排的企图。但是不能忘记的是他的心灵自传——《我的奋斗》，该书写于1924年，现在已经发行了几百万册，其中指责法国是德国的不共戴天的仇敌，宣称要把生活在德国境外的所有散居的德意志少数民族都并入德国，并将东欧作为适于德国殖民的地区。另外，德国已经秘密进行了几年的重整军备，现在以更快的步伐加速进行，而且毫无顾忌，一点也不加以隐蔽，还不顾条约的禁令而公开组建了一支空军力量。只有在一个方面希特勒一直表现了自我克制。由于意识到德国政策中的使英国成为德国敌人的根本性错误，希特勒坚决反对再发生任何企图与英国海军力量竞争的想法。

纳粹革命给整个文明世界打下了深深的印记。它的影响分为
199 两种性质。在一些国家中，主流的情感是对独裁统治的残忍和暴行的道义愤怒；在另一些国家里，则是对这种公然挑战1919年和平安排的更深切的担忧。看起来第二种反应比第一种反应是更具实质性的。在英国和美国，主要的情感是义愤，而不是担忧，因此在他们对德国的政策中并没有明显的变化。在意大利和苏联，他们的政府本身就是依靠暴力而上台执政的，没有道义指责德国的余地。但是这些国家受到希特勒掌权的国际后果的强烈刺激，并因此对政策实行了突然的逆转。本章将涉及其他几个欧洲国家并阐述它们因纳粹革命所引起的在政治取向方面的明显变化。

波兰和苏联

在这些变化中，第一个变化就是一种出人意料的和解。自1919年以来，欧洲没有一个地方比德国和波兰之间的互相仇恨更深的了。通向大海的波兰走廊，把东普鲁士和德国的其他领土分割开来，造成了德国人对凡尔赛条约的最引人注目的不满。没有一个地方的少数民族比在波兰的德意志少数民族把对他们的不公正待遇更持续地诉诸国联。没有什么问题比波兰和但泽之间的争端更频繁地被列入国联行政院的议事日程。在纳粹革命的初期，发生了这些争端中最严重的一个争端，当时200名波兰士兵未经 200
授权就在但泽港口的一个地点登陆。然而在这个事件发生几个月之后，双方就迈出了通向和解的第一步；1934年1月，就在希特勒任德国总理一周年纪念日的前夕，签订了德国—波兰条约，该条约完全改变了波兰的外交政策和东欧的外交布局。该条约最为明显的结果是停止了由德国和波兰新闻界所导演的过去长达15年的相互辱骂的运动，在波兰的德意志少数民族的抱怨和关于但泽的争端也从国联行政院的议事日程中消失了。

需要对导致双方签订这个条约的动机给以一些说明。希特勒使西欧震惊并招致了反抗；而且由于他迫害共产党人，他也不可能像他的在拉巴洛的前任那样（见第75页）结交苏联以恢复平衡。他陷入完全孤立的危险之中。而且他已经得出了一个结论——这个结论可能受到了他自己的奥地利血统的影响——即德国首先应当向南方发展。每一件事情都表明应当与他的东方邻国和解。他

获得了波兰的友谊，代价是承诺十年之内抑制任何反对波兰的行动，无论是通过宣传还是通过其他的方式。

波兰的动机同样是无法反驳的。15 年以来它一直不安地生活在两个敌对的大国之间。它的一个盟国——法国，离它太远。
201 在洛迦诺公约中法国已经表明了一种让波兰的利益服从于它自己安全的倾向；而它近来又因为签订四国公约(见第 193 页)而伤透了波兰的心。德国重新作为一个大国，使麻烦发生时法国的援助比以往更不可靠。波兰再也不能承受招致它的两大邻国的敌意的后果了。它必须在它们之间进行选择；而且它选择的那一个是它认为更强大的和更可靠的。的确，德—波条约唯一承诺给波兰的是十年的缓和期。但是能使形势稳定地发展十年则要走过一条相当长的路。这是值得尝试的事情。

必须对苏联的反应给以更详细的评论。到 1927 年，苏联政府已经与除了美国之外的所有主要大国建立了正式关系，而且在那一年苏联的代表团第一次出现在日内瓦(见第 103 页)。同年还看到了斯大林的“在一个国家建成社会主义”政策的胜利(见第 77 页)。1928 年 10 月开始实施的第一个五年计划，意味着开始启动巨大的工业化进程，在这一进程中，国家的现实利益必须超越革命的理论原则而居于优先地位。1929 年，苏联与英国重建正式关系是迈向正常国家关系的又一步骤。苏联当局还要做的就只是要与美国和国联达成协议了。

202 在以后的三年中没有取得进一步的发展。但是 1932 年秋天，苏联与意大利和法国签订了互不侵犯条约；而在第二年的第一季度里发生的两个事件，使苏联的政策完全转到了新的方向。希特勒在德国上台，以及受到国联大会谴责的日本退出了国联。这两大事件在莫斯科都引起了它们特有的反应。1933 年夏天世人目睹了一种迅速的和解，基于共同的对德国的担忧，苏联和法国重建友好关系；而且在苏联的新闻宣传中出现了一系列反对修改条约的声音。与此同时，最担心日本的两个国家——苏联和美国——相互走得更近了。1933 年 11 月李维诺夫访问了华盛顿，并代表苏联政府作出适当的保证，禁止在美国进行革命宣传，并给以在苏联的美国侨民宗教信仰的自由；而美国政府则正式承认了苏联政府。于是苏联的外交就获得了两个潜在的盟友——一方面防御德国，另一方面防御日本。

苏联政府需要进一步消除以往国际社会对苏联的偏见；这就是苏联加入国际联盟。法国坚决要求实行这一步骤。法—苏同盟会带有太强的战前外交的味道，而且很可能使英国不愉快。在防御德国侵略方面的共同利益必须通过拥有共同的国联成员国的资格而表现出来。1934 年 7 月，法国劝说英国和意大利与它自己一
道去游说国联的其他成员国允许苏联的加入；在 9 月的国联大会 203
上，苏联的如期加入获得批准，只有三个国家——瑞士、荷兰和葡萄牙投票反对。波兰采取了两个预防性措施。其一，它从苏联政府获得了一个私下的保证，即后者将不鼓励或不支持在波兰的俄罗斯少数民族对国联的任何请愿活动；其二，波兰还在国联大会公开宣布，它不再承认国联有权干涉波兰的少数民族问题——这实际上是宣布废除少数民族条约的通告。

由国联成员国的身份提供的安全保证并不足以消解苏联对希特勒的担忧；苏联政府继续敦促法国签订一个直接的双边协定。

法国不愿意拒绝这个要求。法国确信，只要邀请德国加入，英国政
府将不会反对法国和苏联的一个保证条约，而且根据洛迦诺公约
的先例，这个保证条约在两个方向上都可以适用。于是法国和苏
联准备了一份东方公约草案，其中法国和苏联不仅相互保证反对
德国的侵略，而且每一国都保证德国免遭另一个国家的侵略。这
个计划看上去有些虚伪；因为很难设想德国将获得法国的帮助去
反对苏联，或者将获得苏联的帮助去反对法国的任何情况。然而，
该草案于 1935 年 2 月得到了英国政府的批准，并连同其他一些建
204 议(后面将会提到)一起交给了德国政府。德国提出了异议，这就
等于是一种拒绝。这个结果是法国和苏联政府预料到的而且或许
是希望见到的结果。它们利用这一点，于 1935 年 5 月签署了法—
苏条约，该条约规定，双方保证，一旦一国遭到任何一个欧洲国家
的进攻，另一个国家将对其提供援助。纳粹革命的结果是重建了
战前的法俄协约。

奥地利和意大利

希特勒决定把奥地利作为他的外交政策的第一个目标，这在许多方面都证明是不恰当的。毫无疑问，从 1919 年到 1933 年，绝大多数奥地利人希望与德国合并；而且在和平条约中没有任何条款比禁止这种合并的条款更多地受到法律层面的批评。但是纳粹革命疏远了奥地利的主体民意。无论是奥地利议会中的第一大党社会民主党，还是生活在维也纳的人口众多、影响颇大的犹太人，都不希望与他们在纳粹德国的同志们有同样的命运；在奥地利政

治生活中扮演重要角色的天主教会，由于其信徒在德国纳粹党人手中所遭受的待遇而产生了敌意。除了这些产生不信任的特殊原因之外，有着悠闲自在的生活传统的奥地利人斜眼看着德国的新政权的粗暴而残忍的效率。也许自希特勒上台以来的任何时候，
在奥地利的一场自由投票仍然会有多数人支持与德国的合并。但 205
是这个多数决不意味着像 1933 年 1 月以前的那种压倒性的和毋庸置疑的多数。

然而，奥地利对纳粹革命的第一个反应是进行仿效。1933 年 3 月，奥地利的总理陶尔斐斯在议会通过搁置宪法而驳回了社会民主党的反对意见。从此以后，奥地利政府主要依靠一个民间军事组织"保国军"的支持，"保国军"于几年前组成，是作为对社会民主党人的武装力量的一个补充。不久德国政府就上阵了。攻击奥地利政府的宣传变成了慕尼黑广播节目的一个持续的特征。德国的飞机在奥地利的领土上散发纳粹的传单。金钱和武器通过走私越过边界到了奥地利的纳粹分子手中。对打算前往奥地利的德国游客强行征收相当高昂的签证费用。1933 年 6 月，奥地利政府以镇压奥地利的纳粹党给以回击。

虽然有"保国军"和一部分人民的反抗，但是，如果不是大国的介入，奥地利可能很快就会向德国的压力投降。对纳粹政权的暴行的普遍忿恨现在已经达到了顶点，并且由于德国的反奥地利运动而更为强化。在保持奥地利的独立这一重要问题上英国的舆论变得几乎与法国的舆论一样坚决。在柏林的外交抗议没有多少效
果。8 月，奥地利得到了另一笔由英国、法国、意大利和几个小国 206
担保的国际贷款。

从这时开始，意大利成了奥地利的主要庇护者。在过去的一些年代里，意大利一直是一个不满的和“修正主义”的国家（见第191页）；而且最近它几乎在所有的重要问题上都使自己站在德国一边。现在，在纳粹革命的刺激下，意大利的外交政策像苏联的外交政策一样发生了引人注目的变化。意大利可能希望修改条约的非洲或东欧部分。但是，如果允许德国得到奥地利，那么，对一个已经合并了奥地利的德意志省份南蒂罗尔的国家来说，德国就可能是一个危险的邻国。于是在1933－1934年冬季，意大利政府开始向“保国军”支付秘密津贴，该组织被认为是维持奥地利独立的保障。作为对这些秘密津贴的报酬，墨索里尼要求颠覆奥地利的社会民主党——他们仍然控制着维也纳的市政当局，并要求在奥地利建立一个法西斯路线的政权。这个要求在1934年2月得到了满足，不存在严重的抵抗。几百名主要的社会民主党人被捕入狱，而且所有的社会主义机构都被取缔。奥地利的内政外交政策都置于意大利的控制之下。

这些行动的后果是使奥地利失去了迄今为止它所享受的英国的大量的同情之感，尽管英国政府继续宣布它关心奥地利的独立。纳粹分子受到鼓励而做出进一步的尝试。1934年7月25日，一
207 帮奥地利的纳粹分子占领了联邦总理府，并使陶尔斐斯在试图逃跑时受了致命伤。但是，这种反叛行动并没有赢得军队和大部分民众的支持；当天晚些时候，政府重新控制了维也纳。其他地方只有一些零星的骚乱。人们普遍认为，没有希特勒的支持，叛乱就不可能组织起来；许多人认为希特勒对陶尔斐斯的死负有道义责任。意大利的增援部队紧急开往边界。如果这场叛乱取得了成功，意

大利的军队是否会进入维也纳，对此人们有许多推测。

1934 年 7 月的一系列事件证明是奥地利事务中的另一个转折点。希特勒对其奥地利的政策产生了严重的怀疑，而且如果这一政策继续推行，他或许担心意大利会进行军事报复。于是德国改变了它的策略。没有进一步鼓励奥地利的纳粹分子去从事暴力行动；德国对奥地利政府的攻击实际也停止了。希特勒不止一次地否认他有威胁奥地利独立或干涉奥地利国内事务的任何打算。这个政策坚持了两年。1936 年 7 月，当时意大利在阿比西尼亚的冒险行动已经削弱了它在中欧的势力，奥地利与德国签订了一个和解条约；不久以后，"保国军"由于意大利不再能够支付津贴而解散。这些事件的结果是确立了一种德国和意大利对奥地利的国际共管。但是由于这种国际共管是随着德意关系的改善而建立的，因此在一段时间内没有机会去检验谁是占有支配地位的伙伴。 208

法国、意大利和小协约国

1933－1934 年冬天意大利与德国的疏远，以及意大利对奥地利准保护国地位的确立，在中欧和南欧产生了重要影响。

第一个影响就是法国与意大利关系的迅速改善。战后由于法国支持南斯拉夫的要求而使法—意之间的对抗突然爆发。自此以后，这种对抗扩展到许多其他的领域。在非洲，法国未能满足1915 年伦敦条约中的意大利的要求（见第 70 页），在对待法属突尼斯的意大利人的地位问题上存在着不断的摩擦。在海军问题上，意大利由于法国拒绝承认它的对等要求而感到受了耻辱（见第

181 页)。在整个欧洲的问题上,意大利一贯支持前敌国的不满情绪并保持它对法国的盟国南斯拉夫的敌意。直到 1933 年,两国的关系一直持续恶化。但是希特勒对奥地利的野心是法国和意大利同样能够察觉得到的威胁。在奥地利独立问题上的共同利益使两国很快走到了一起;1934 年 9 月,双方详细讨论了法国外长巴尔都正式访问罗马以解决一些棘手问题的可能性。

但是问题的解决并不像表面看起来那样简单。双方在中欧都
209 有自己的保护国。捷克斯洛伐克、南斯拉夫和罗马尼亚是法国的盟国。意大利长期支持匈牙利;而且在 1934 年 3 月,意大利、奥地利和匈牙利在罗马签署了一系列半政治性、半经济性的协定。因此,除非法国和意大利都准备放弃它们的保护国,否则,在法—意达成圆满的和解之前,必须在中欧的对立的集团之间先达成和解。意大利能够对奥地利和匈牙利施加压力。法国能够对小协约国做些什么尚待观察。

尽管不像波兰那样激烈,小协约国对法国加入四国公约也是相当不满的;而且当前法国对意大利的接近行动也受到怀疑。但是这种怀疑并非在三个小协约国家中同样存在。事实上,希特勒对奥地利的威胁在这种伙伴关系之间造成了第一道裂痕。如果德国兼并了奥地利,捷克斯洛伐克将受到危险的包围;因此它欢迎意大利和法国采取任何能采取的步骤去阻止这种事件的发生。南斯拉夫并不担心奥地利被德国合并。但是如果意大利成了奥地利的主人,南斯拉夫将会认为它自己被意大利所包围;因此它不喜欢法国和意大利的和解,这种和解明显地旨在加强后者对奥地利的控制。罗马尼亚距离太远不会受到直接的影响,它只关心维持小协

约国的团结一致来对付匈牙利。简言之，所有这三个小协约国的成员对维护奥地利的独立来说所能做的只是口惠而实不至。但是 210
一旦这种独立失去了实际意义，而且奥地利转而处于某个其他大国的直接影响之下，那么捷克斯洛伐克宁愿这个大国是意大利，而南斯拉夫则希望这个大国是德国。

1934 年 10 月，在问题尚未解决的时候，南斯拉夫的国王亚历山大对法国进行了正式访问并把他的观点摆在了法国政府面前。巴尔都在马赛会见了他；但是当他们一同下船驱车离去时，两人都被一个克罗地亚的恐怖分子的左轮手枪打死了。众所周知的是，无论是意大利还是匈牙利都窝藏、甚至资助心存不满的南斯拉夫人，因为他们可能在某一天对煽动叛乱是有用的。很难确定意大利人或匈牙利人与马赛的犯罪行为有直接的牵连。但是南斯拉夫决定向国联提出抗议；而且如果不是两个有关的大国——法国和意大利的坚定的决心——不容许这个悲剧妨碍两国之间刚刚出现的和解，形势可能会变得相当危险。一个心照不宣的交易达成了。南斯拉夫被劝说把它的指控完全针对匈牙利，它在日内瓦的抗议中也没有提到意大利。作为回报，意大利将敦促匈牙利接受诸如谴责这样的能够足以平息南斯拉夫愤怒情绪的办法，而如果没有意大利的支持，匈牙利将是孤立无助的。在日内瓦，整个事情的处理过程依照这个计划而行；而且在经过艰苦的磋商之后，国联行政院能够意见一致地宣布，“无论如何，由于失职，某个匈牙利当局已经承担了与准备马赛的犯罪行动有关的某些责任”，并且责成匈牙 211
利政府惩罚它的任何能被确认是有罪的官员。

在法国的领土上暗杀亚历山大国王产生了三个主要的后果。

它增加了南斯拉夫对意大利的怀疑；它导致了南斯拉夫与法国关系的某种程度的冷淡；它加快了法国与意大利的和解。1935 年 1 月的头几天，巴尔都的继任者赖伐尔访问了罗马，并与墨索里尼签订了一系列协定，这些协定标志着法—意长期不和的结束。关于德国，两国同意，一旦德国推行重整军备的政策，两国将“协调他们将要采取的态度”。关于中欧，他们同意，建议奥地利和它的所有邻国（除了瑞士）缔结一个条约，保证不干涉其他国家的事务，并且不支持破坏他们各自国家的独立、或颠覆他们的“政治和社会制度”的企图。（事实上，甚至从未做出努力去谈判这个建议的条约。）与此同时，他们承诺，一旦威胁到奥地利的独立，他们将与奥地利以及与那些愿意参加协商的奥地利的邻国一起协商。关于非洲，在伦敦条约意大利要求的殖民地中，法国将法属赤道非洲的毗邻意属利比亚省份的一条带状地区，以及邻近厄立特里亚的法属索马里的一小块三角地区割让给意大利；在突尼斯的意大利人的状况得到改善；另外赖伐尔告诉墨索里尼，法国对意大利在阿比西
212 尼亚获得的任何让步都不感兴趣。然后法国方面声明说，这个谅解只涉及经济让步，谅解的具体条款是保密的。

法国与意大利之间达成的和解是受到希特勒攫取政权的刺激的最后重要的外交政策转向；现在可以简要地概述整个过程的结果。波兰已经与法国离异（尽管并没有正式取消法—波同盟），并开始与德国建立密切的关系。苏联已经放弃了它传统的修正主义立场，全心全意地接受法国的坚决维持凡尔赛安排的政策。意大利也加入了反对德国的阵线，尽管它继续把奥地利和匈牙利作为它在中欧的前哨阵地。在小协约国当中，捷克斯洛伐克支持法—

意的立场，并且更加接近奥地利（虽然没有更加接近匈牙利，它并没有放弃其修正主义的要求）；另一方面，南斯拉夫走向反对意大利的方向，远离法国并迅速与德国接近。1935 年 5 月，通过捷克斯洛伐克与苏联签订的条约——该条约的条款与两周前法国与苏联签订的条约的条款相同，这种国家集团的重组得以完成。该条约突显了小协约国中的日益增大的裂痕；因为罗马尼亚拒绝了签署一个同样协定的邀请，而南斯拉夫甚至仍然是拒绝承认苏联政府的为数不多的欧洲国家之一。

巴尔干协约

1934 年也见证了巴尔干地区的新的国家组合，尽管在这里纳粹革命的影响并不是一个决定性的因素。正像战后捷克斯洛伐克、南斯拉夫和罗马尼亚由于共同担忧匈牙利而走到一起一样，南斯拉夫、罗马尼亚和希腊也由于对保加利亚的一致敌视而联合在一起。1913 年的巴尔干战争后，土耳其是在瓜分保加利亚的领土中的第四个获利者，1918 年它成了战败国；多年以来它一直远离其巴尔干的前伙伴国，只同苏联发展密切的关系。但是 1930 年，它与希腊——这个它最难宽恕的仇敌——实现了和解。1932 年它加入了国际联盟。1934 年，土耳其、南斯拉夫、罗马尼亚和希腊签订了一个相互保证彼此的巴尔干边界的条约。保加利亚拒绝参加一个确定边界的条约，因为它从未停止抗议对这些边界的不公正的修改。阿尔巴尼亚没有被邀请参加，在它的事务中意大利继续处于支配地位（见第 70 页）。

但是，通过这个条约所确立的“巴尔干协约”证明在结构上是脆弱的。对南斯拉夫来说，该条约的主要目标是确保它反对意大利干预巴尔干的事务。另一方面，希腊没有能力去冒一场与意大利海军发生冲突的风险，于是希腊在批准这个条约的同时发表宣言，声称它认为它没有义务介入与一个非巴尔干国家的冲突；因此
214 这导致了希腊与南斯拉夫之间关系的冷淡。与此同时，南斯拉夫与保加利亚的关系好转了。一个获得南斯拉夫同情的新的保加利亚政府，摆脱了迄今为止在索菲亚至高无上的意大利的影响，并且自战争结束以来，第一次坚决处理了出没于南斯拉夫边境的马其顿恐怖分子（见第 12 页）。此后巴尔干的形势仍然是变动而不确定的。巴尔干协约幸存下来。但是南斯拉夫与保加利亚而不是与希腊的关系更近，前者仍然处于该协约之外，而后者却是该协约的成员。1935 年 3 月希腊爆发了内战，随后恢复了君主制，但是并没有打破总体的稳定。

1936 年 6 月，在蒙特勒会议上，应土耳其的要求，洛桑条约的主要签字国同意修改该条约的有关海峡非军事化的条款（见第 15 页）。土耳其获得了在海峡修筑防御工事的自由，并且做出了在战争与和平时期战舰通过海峡的规定。

第十一章　毁约

上一章叙述的历史发展已经表明，这个世界是多么普遍而迅 215
速地意识到，纳粹革命意味着德国在经过 15 年的黯然失色之后，重回大国的行列。开始于 1935 年 3 月的短暂而戏剧性变化的 15 个月的时期，其开端是以战后历史中前所未有的规模，公开违背国际条约为标志的。迄今为止，和平条约的条款已经被共同的协定、心照不宣的默认或无声的逃避而搁置一旁。现在德国已经强大到足以采取正式的方法推翻条约，不仅要拒绝凡尔赛的强制的和平，而且要扩展到推翻自由谈判的洛迦诺公约。同时，另一个欧洲大国侵略并兼并了另一个国联成员国的领土，它的这个行动甚至比 1931 年日本的行动更为疯狂。于是，同时来自两个方向的巨大打击一起落在和平安排本身和其组成部分——国联盟约的身上。这 15 个月的时间证明，1919 年的政治家们大大高估了对一个战败国强加长期拖延的惩罚性限制的可能性，也大大高估了在维持现状的共同行动的基础上建立一种新的国际秩序的可能性。

德国的毁约

希特勒在发动对凡尔赛条约的进攻之前，必须等待一个突出 216

问题得到解决。在条约生效15年之后，萨尔地区的命运将由一场公民投票来决定（见第6页）；1935年1月，15年已经过去了。公民投票如期举行，在英国指挥下的一支国际部队驻扎在该地区以维持秩序并保证投票的自由进行。请求公民们在回归德国、与法国合并以及继续由国联管理这三种情况中做出选择。在50万张选票中，90%的选票同意回归德国，只有不到9%的选票同意国联继续管理。从3月1日开始，这块领土回到德国。现在，就像希特勒不止一次宣称的那样，德国在西方没有别的领土野心了。德国从凡尔赛条约中也没有任何更想要得到的东西了。

2月初，英国和法国的政府官员在伦敦会晤，并发表了一个政
策声明，该声明向德国和其他相关政府做了通报。他们表示希望
德国政府在已经建议的东欧和中欧条约中进行合作（见第203页
和第211页）；他们还建议把一个空中公约补充到洛迦诺公约当
中，在这个公约中，洛迦诺各国将同意，当他们中的任何一个国家
217 受到来自另一个国家的空中攻击时给以空军力量的支援。这个建
议的主要新奇之处是，英国不像在洛迦诺公约中那样只是作为保
证人出现，而是由法国和比利时保证英国免遭德国的空中袭击，并
由德国保证英国免遭法国和比利时的空中袭击。

德国政府欢迎这个空中公约，并且含糊地保证研究其他的提议，还建议与英国政府会晤以讨论整个问题。使法国政府多少有点儿吃惊的是，英国政府同意了这个建议；外交大臣西蒙和国联事务大臣艾登接受了访问柏林的邀请。但是在这次访问成行之前，许多大事发生了。英国政府有必要发表一个备忘录向议会解释他们重整军备计划的原因；在这份备忘录中只强调了德国军备的威

胁，完全排除了其他因素。德国对这个抨击表现出极大的不快。希特勒以一点小病为借口，取消了已经确定日期的英国大臣们的访问。与此同时，法国议会正在辩论增加法国陆军的问题。希特勒决定给以强烈的反击。1935 年 3 月 16 日，他宣布德国不再考虑它本身受到凡尔赛条约的军事条款的限制，德国的陆军在和平时期的力量今后将固定在 36 个师约 55 万人左右，而且将通过征兵使其增加。

这个声明在法国引起了相当大的惊恐。在英国，公众舆论长 218
期低估德国的重整军备是裁军会议失败的不可避免的结果。现在希特勒重新对西蒙和艾登发出他的邀请；英国政府认为没有理由拒绝他。这个决定在法国、意大利和苏联的政界引起的担忧几乎并未由于艾登还要访问华沙、莫斯科和布拉格而减轻。对柏林的访问按时于 3 月 25 日进行。但其实际成果是很少的。希特勒重申他欢迎空军公约，但不喜欢东欧的条约，而且更不同意中欧的条约。他再次重申他的和平意图。德国陆军的规模被不可改变地固定了。但是德国将同意在地面上的、为其他国家所接受的军备的任何限制。在空军方面，他宣布与法国对等，尽管苏联空军力量的迅速增长可能使他不得不重新考虑这个问题。在海上，他将满足于在所有类型的舰只方面达到英国海军力量 35％的比例。

与此同时，法国要求在 4 月召开国联行政院的特别会议去考虑德国的行动；作为对这次会议的准备方式，英国、法国和意大利在斯特莱沙举行了会议。斯特莱沙会议重申它同意已经建议的东欧和中欧的条约。会议讨论了现在是否应当正式允许较小的前敌国重整军备的问题，但没有结果，意大利（受到奥地利和匈牙利的

219 鼓动)赞成这个步骤,而法国(受到小协约国的鼓励)表示反对。但是会议的主要工作是草拟一份提交国联行政院的决议案,以谴责德国违背了它在凡尔赛条约中的义务。三个国家按时向行政院提交了该决议案并得到了全体一致的通过,只有丹麦弃权,并把下面的意见记录在案:它认为由于德国的原告所说的那些已经发生的事情,德国应该受到谴责。这个决议案是一个空洞的姿态,因为并没有行动相跟随或打算去跟随。但是它却大大激怒了德国。特别令德国感到迷惑的是,英国已经通过派遣外交大臣访问柏林的行动表现出对德国行动的宽恕,现在竟会在日内瓦提出的一个完全不信任的决议方面充当了领导。

然而还有一个更让人吃惊的事情。英国刚刚通告柏林,英国政府准备接受希特勒的提议,即限制德国的海军力量在所有种类的舰只方面都达到英国力量的35%的比例,并欢迎在这个基础上达成一个协定,这个消息就在国联行政院中传开了。德国代表团按时来到伦敦,并于6月签订了英—德海军协定。于是,英国政府刚刚用严厉的措辞谴责德国违反了凡尔赛条约的裁军条款,现在又明确地承认德国有权无视(可以达到英国力量的35%的比例)该条约加给它的海军限制,并能够拥有各种类型的舰只,包括条约完全禁止的潜水艇。这个协定本身似乎是对英国的通情达理的一
220 个赞扬。因为当法国拒绝每一种让步而激怒德国无限制地重整陆军军备的时候,英国却准备达成协议,从而获得了一个对德国海军力量的重要限制。但是,这个协定看起来与以前的行为是如此的前后矛盾,以致它在法国、意大利和苏联引起的混乱,甚至比德国由于英国作为日内瓦决议案的保证人所引起的迷惑不解更为

严重。

1935年的上半年英国对德国政策的这种摇摆不定是如此明显，以致需要对此做出解释。似乎能够说明这一现象的原因是两种对立的政策在起作用。在纳粹革命后的头两年，英国的整个舆论都被纳粹的暴行深深震撼，所以对德国的抱怨和愿望没有多少同情；英国政府尽管并不希望承担任何义务，但是鼓励法国、意大利和苏联政府努力建立一个维持现状的防御联盟体系，特别是在中欧这个看来最直接受到威胁的地区。但是到1935年1月，当时这个联盟体系已经由于法国和意大利的和解而最终完成，而英国国内对纳粹政权的愤怒情绪也已经平息。不断增长的舆论主体转向了这种看法，即法国与意大利和苏联达成谅解的唯一作用是孤立和包围德国，并继续巩固凡尔赛和约的不平等——简言之，维持
恰恰对纳粹革命负有主要责任的状态。那些持这种看法的人，尽 221
管并不否认德国可能是对和平的一个危险，但相信法国、意大利和苏联的政策只会加重这种危险，并认为英国政府的首要目标应该是打破这个对德国的包围圈，就德国的抱怨进行友好地讨论，并使德国回到国际联盟。西蒙对柏林的访问就是对这种舆论倾向的让步。但是在许多地方也强烈地存在着另外一种看法，即认为英国对付德国危险的正确方法是向其他那些认为他们自己受到威胁的国家提供尽可能的支持；这种看法是英国在斯特莱沙和日内瓦的代表团的主流看法。于是与德国达成协议的政策以签订英德海军协定而再次得到最先考虑。这种结果的不确定性不仅使法国和它的伙伴国严重地怀疑英国的意图，而且鼓励德国希望尚未具体化的英国政策的逆转。

意大利的毁约

对意大利在伦敦条约中要求的最后解决并没有使它的殖民野心得到满足。再也不能指望从英国或法国那里得到更多的东西了。但是墨索里尼常常期待意大利自己谋取殖民地的可能性。迄今为止他总是考虑法国的妒忌和反对。他的鼓励和支持德国的政
222 策的确可能部分地受到这种愿望的刺激，即希望法国在欧洲有太多的烦恼，这样对意大利在其他地区的野心来说法国就不是一个障碍了。但是形势在其他方面发生了变化。到1935年初，法国太需要意大利在欧洲的友谊，所以它准备在非洲做出几乎每一种让步。墨索里尼很快就抓住了这个机会，并且在罗马会晤中，获得了赖伐尔对意大利在阿比西尼亚的急进政策的默许（在这个阶段或许并没有明确界定政策的限度）。

意大利选择阿比西尼亚受到几种考虑的驱使。阿比西尼亚是除了利比里亚之外在非洲剩下的唯一独立的国家。它位于已经存在的意属索马里殖民地和厄立特里亚殖民地之间；它被认为拥有迄今为止尚未开发的国内矿产资源。另外，近来发生的事件，无论是否起因于意大利的故意挑衅，但却给了意大利在那个地区动手的一个借口。1934年12月，阿比西尼亚的军队和来自意属索马里的一支军队在瓦尔瓦尔附近的村庄发生了冲突。在这场冲突中几个意大利人被打死；于是意大利政府要求来自阿比西尼亚的道歉和实质的赔偿。阿比西尼亚诉诸国联，并要求根据盟约第11条将这一争端提到行政院的议事日程上来。

除了国联盟约和巴黎公约之外，还有两个条约也是对意大利战争行动的阻挠。1906 年英国、法国和意大利签订了一个协定，其中它们宣布“维持阿比西尼亚的完整无损”是它们的共同利益；1928 年意大利与阿比西尼亚签订了一个条约，其中双方保证“持 223 久不断的和平和永恒的友谊”，同时双方保证将所有的争端“提交调解与仲裁程序”。意大利还是 1923 年允许阿比西尼亚成为国联成员国的主要支持者之一。因此，当阿比西尼亚的诉求于 1935 年 1 月提交到行政院面前时，意大利的代表反对在盟约第 11 条下讨论瓦尔瓦尔事件，因为他“并不认为该事件可能影响两国之间的和平关系”，而且声称愿意在 1928 年的公约的基础上通过调解与仲裁解决这个争端。在这种情况下，行政院暂停讨论这个问题。

在以后的 3 个月内，意大利政府拖延对仲裁者的任命；并且从意大利派出大规模的部队和战争物资以增援在厄立特里亚和意属索马里的军队，这表明严重的军事行动正在计划之中。3 月 16 日，阿比西尼亚政府呼吁援引盟约第 15 条。三个星期以后，英国、法国和意大利的大臣和部长们会首斯特莱沙（见第 218 页）。然而，尽管非洲的形势很严峻，但是没有任何一个代表团提到这种形势。会议的“最后宣言”写道，他们反对“任何单方面的可能危及欧洲和平的破坏条约的行动”；无论如何，对墨索里尼来说，最后附加的这两个字①很难说是偶然的。英国代表团专注于欧洲，毫无疑问是不愿意由于提及不受欢迎的阿比西尼亚问题而发出不和谐 224 的声音的。但是墨索里尼认为，英国代表团在意大利赤裸裸的战

① 指 the peace of Europe，“欧洲的和平”。——译者

争准备面前的沉默，就意味着英国像法国一样，对他的非洲冒险采取善意的容忍态度，或者至少是视而不见。

在斯特莱沙会议之后举行的会议上，由于意大利政府做出另一个保证，即它准备启动仲裁瓦尔瓦尔事件的程序，于是国联行政院再次制止去研究阿比西尼亚的控诉。实际上，这时已经任命了仲裁者；仲裁者们最终于 9 月 3 日达成了一致决议。大意是说，双方的政府都不能对发生在瓦尔瓦尔的事件负责。事实上，这个事件并不具有真正的重要性。它的作用是为意大利军队的大量集结提供了借口，现在它可以被草草了解了。

同时，已经在其他方面做出努力去讨论真正的问题，即意大利对阿比西尼亚的军事威胁问题。1935 年 6 月，艾登访问了罗马，并提出了一个建议，即英国将割让英属索马里的泽拉港给阿比西尼亚，作为交换，阿比西尼亚将把它的南部的奥加登省割让给意大利。墨索里尼拒绝了这个建议，理由有两个：建议割让给意大利的领土总的说来是不够的，而且阿比西尼亚将由于获得出海口而增强它的力量。8 月，英国、法国和意大利的代表团以 1906 年的协
225 定签字各方的身份在巴黎会晤。这次会晤的结果是法国—英国提出一个建议，即将要求阿比西尼亚向国联申请在促进“该国的经济发展和行政管理的重组”方面进行合作，并建议根据这样的合作，国联将“特别考虑意大利的特殊利益”。但是该建议再次被意大利政府所拒绝。因此，9 月 4 日——瓦尔瓦尔事件的仲裁者发表他们的报告之后的那一天，国联行政院最终开始研究阿比西尼亚在 3 月 16 日提出诉求，但形势已经发展到大大超过了日内瓦的程序所能解决的范围，以致程序已经不能对解决该问题起作用了。新

任英国外交大臣塞缪尔·霍尔爵士在国联大会上发表了一个意想不到的声明，强调英国政府打算履行它在盟约下的义务。行政院的一个委员会草拟了一些建议，这些建议获得了行政院的支持，即要求制定对阿比西尼亚“提供援助的计划”，以及在阿比西尼亚和意大利之间的“领土调整”。10 月 2 日意大利开始侵略阿比西尼亚。

外交大臣在国联大会的讲演，以及该讲演在日内瓦得到小国的热情接受并在英国获得公众舆论的积极支持，表明墨索里尼预料国联将保持沉默是错误的。一旦冲突开始，行政院就迅速行动，这与它以前借口推诿逃避真正的问题，以及它不愿意在满洲问题上通过反对日本的裁决，形成了对照。10 月 7 日，行政院的一个委员会草拟了一份报告，宣布意大利“无视它根据国联盟约第 12 226
条所定的契约，诉诸战争”；第二天行政院的成员国接受了这份报告，只有意大利表示反对。两天以后，国联大会提醒国联成员国他们在盟约第 16 条下的义务，并建议他们成立一个委员会，目的是协调他们采取的措施。到 10 月 19 日，这个协调委员会要求所有的国联会员国：(1)各国禁止对意大利提供一切贷款和信贷，(2)对向意大利出口的每一种战争物资以及某些特别需要用于战争目的的商品实行禁运，(3)对所有从意大利的进口实行禁运。这些措施得到除了奥地利、匈牙利和阿尔巴尼亚之外的国联所有欧洲成员国的批准，而且除了一些微不足道的异议之外，也被欧洲以外的国联成员国所批准。法国对于不得不对它的这个新盟国(法国得到这个新盟国还不到一年)实施制裁并不感到高兴。但是长期以来它一直声明它忠实于国联并要求将盟约第 16 条变为现实，因此法

国现在不能提出反对。1935 年 11 月 18 日，在国联历史上第一次，制裁——尽管仅仅限于经济性质而且远不全面——开始实施。

对意大利来说，战争进行的头三个月，形势的发展并不像它所预期的那样顺利。意大利的军队在空军飞机轰炸的支援下远远深入到阿比西尼亚的国内，并摧毁了它在各地所遇到的抵抗。但是阿比西尼亚的主力部队仍然未受损失；而且军事专家们怀疑是否
227 两支分别来自厄立特里亚和意属索马里的意大利军队能够到达阿比西尼亚的一条铁路线（这条铁路线从亚的斯亚贝巴伸到海岸），而且在 6 月的雨季到来之前在那里会师。

12 月，法国十分担忧意大利在阿比西尼亚的失败可能在中欧形势中产生的反作用。英国政府似乎也有同样的忧虑，并且唯恐墨索里尼在一旦绝望的情况下，将会对英国这个制裁的主要发起国发动进攻。霍尔访问了巴黎的赖伐尔；两人制定了和平条款以便交给意大利和阿比西尼亚的政府。他们的谈判主要涉及的是制定足以吸引墨索里尼的条款以使他放弃这场战争。他们建议割让给意大利的阿比西尼亚的领土大大超过了意大利的军队已经侵略的领土，而给阿比西尼亚一颗加了糖衣的苦药丸，即建议给它一条通过英属索马里到达海岸的出海走廊。这些建议被泄露了出去并在英国引起了一场愤怒的风暴。公众舆论认为该计划旨在以此交易帮助意大利从危险的处境中抽身；而且认为，作为国联成员的英国，没有责任去帮助一个侵略者获得它侵略的战利品。于是霍尔辞职了，并由艾登接任外交大臣；以后就再也没有听到关于“霍尔—赖伐尔计划”的消息了。

直到 1936 年 3 月，意大利人在阿比西尼亚的推进才明显加快

了。在4月底之前，厄立特里亚的军队已经到达能够打到那条铁 228
路和首都的地方了。国内秩序已经崩溃；5月1日，阿比西尼亚的皇帝离开了这个国家。他的离去意味着有组织抵抗的结束。几天之后意大利的军队占领了亚的斯亚贝巴。5月9日宣布意大利国王为阿比西尼亚的皇帝，而整个国家则正式并入了意大利。

意大利的胜利对国联是一个严重的打击并使英国陷入窘境。尽管经济制裁使意大利的贸易陷于瘫痪并花光了它的黄金储备，但是这些制裁并不足以阻止它的军事行动。显然，除了战争之外，没有什么东西能够迫使意大利放弃它的战利品；然而在决心避免与意大利进行战争方面，英国与法国同样坚决。在7月的国联大会特别会议上，英国政府建议撤销制裁。尽管有阿比西尼亚皇帝个人的控诉，英国的建议仍得到了一致同意；并且通过了一项决议案，要求国联各会员国向下一届国联大会提出它们关于“改进运用盟约原则”的最佳措施的看法。

洛迦诺公约的终结

其他大国对意大利的明显的怯懦态度可以通过类似的德国的毁约得到部分解释，德国的毁约发生在阿比西尼亚战争的最后阶段。1935年5月法—苏条约（见第204页）从一开始就被德国认
为是一个完全针对它的军事联盟，并因此而认为该条约与洛迦诺 229
公约相矛盾——法国和英国政府并不认同这个观点。德国越来越猛烈地对法—苏条约提出抗议；当1936年初该条约提交法国议会批准时，希特勒再次决定大胆反击。

凡尔赛条约规定，禁止德国在莱茵兰保持军事力量或修建防御工事；洛迦诺公约规定，缔约各方“集体地或个别地保证”遵守这些条款。1935 年 3 月，希特勒已经推翻了强加的凡尔赛条约，但是他重申他忠实于通过自主谈判的洛迦诺公约。1936 年 3 月 7 日，德国政府通知英国、法国和比利时政府：法—苏条约涉及的义务与法国在洛迦诺公约中保证承担的义务相违背，洛迦诺公约也就失去了其条约的“实质意义”。因此德国认为它不能再受这个条约的约束，而且就在同一天，德国的军队重新占领了莱茵兰。通报这个消息的备忘录还包括若干建议。德国建议：就边界两边延伸到同样距离的地方建立一个新的非军事区问题达成协议（由于法国和比利时被认为不愿意在他们的领土上建立任何非军事化的地区，所以这个建议与其说是一个建议，不如说是一个争论的问题）；根据洛迦诺公约的原则谈判一个新的条约，但删去有关莱茵兰的

230 条款；与德国的东方邻国（而且正如希特勒后来所补充的，与奥地利和捷克斯洛伐克）签订互不侵犯条约；以及德国重回国联。

法国虽然发出了警告，但是并没有认真提出实施制裁或军事性报复的建议。英国的公众舆论被这种撕毁一个通过自主谈判而缔结的条约的行动所震撼，但是就整体来说，他们更关心的是考虑希特勒对未来的建议，而不是谴责他过去的行为。3 月，英国、法国和比利时政府举行了会谈。国联行政院也在伦敦召开特别会议，宣布德国“通过使……军队进入并驻扎在非军事区”而违反了凡尔赛条约。为了减轻法国和比利时的担忧，英国政府同意在总参谋部之间进行会谈，讨论一旦德国进攻法国和比利时他们将采取的措施问题。德国和法国也拟订了“和平计划”。但是这些文件

是如此地含糊不清和涉及广泛，所以没有什么实际的用处。5 月初，在与法国政府协商之后，英国政府向德国政府发出了一份问题清单，希望得到对它的那些建议的进一步解释。这封信的调子似乎使希特勒很不高兴，他将其搁置一旁而没有回答。整个夏天，政界全都关注阿比西尼亚的崩溃而把洛迦诺谈判排除在外；而当 9 月打算重开这些谈判时，困难似乎是难以克服的。尽管德国准备签订一个新的对西方的保证条约，但是不准备与苏联签订一个协 231
定。而一个没有某种东方条约所伴随的西方条约，法国是不能接受的。

与此同时，出现了一个新的复杂问题。像大多数小国一样，比利时也深深感到了集体安全的失败和德国力量的增长。它认为它在法—比联盟（见第 30 页）和洛迦诺公约中对法国承担的义务可能更是一种危险而不是一种安全保证，特别是如果法国卷入一场与德国的战争作为法—苏条约的结果的话。1936 年 10 月 14 日，比利时发表了一个声明：比利时在未来将遵循独立的比利时的政策，将采取不结盟政策，并将像瑞士与荷兰一样，在它的邻国之间的纠纷中采取完全中立的态度。于是这就使在旧的形式上恢复洛迦诺公约成为不可能的了。比利时准备接受〔安全保证〕、而不再给予保证。11 月，艾登公开宣布：“如果比利时成为未经挑衅的侵略的受害者，它能指望我们的帮助”，几天以后他给法国以同样的保证。法国外交部长在议会的演说中回答了艾登的声明：在同样的情况下，法国将不仅援助英国，而且援助比利时。这些声明能够被认为是代替了目前不现实的西方条约。

第十二章　欧洲以外的世界

232 到1936年底，形势已经变得很清楚，第一次世界大战后强制性的全面安排已经失去了任何有效的基础；而且我们将不得不考虑随着可怕的行动而摧毁条约是如何颠覆了这些条约旨在确立的秩序的。但是，由于本书几乎与其他每一本论述这个主题的书一样，看起来不成比例地对欧洲的事务给以了太多的关注，因此在我们回到人们仍然关注的焦点问题之前，本章有助于恢复平衡；因为比起任何其他的领域，国际政治领域中的领导权不论好坏都仍然在欧洲的手中。现在我们要讨论的一些国家在本书中只是稍加提及。其他一些国家则已经给以了过多的叙述；因此在这种情况下，唯一需要的是对近来的历史发展作一论述。

中　　东

被人们简称为"中东"的、位于从东地中海延伸到印度西北边界的那一系列复杂的国家，1919年以后变成了一个持续沸腾的地
233 区并发生了一些惊人的变化。在这些国家当中，土耳其深思熟虑，放弃了伊斯兰的宗教和传统，并且通过将自己与穆斯林世界的分离，承认它的志向是成为一个近东和欧洲国家，而不是成为一个中

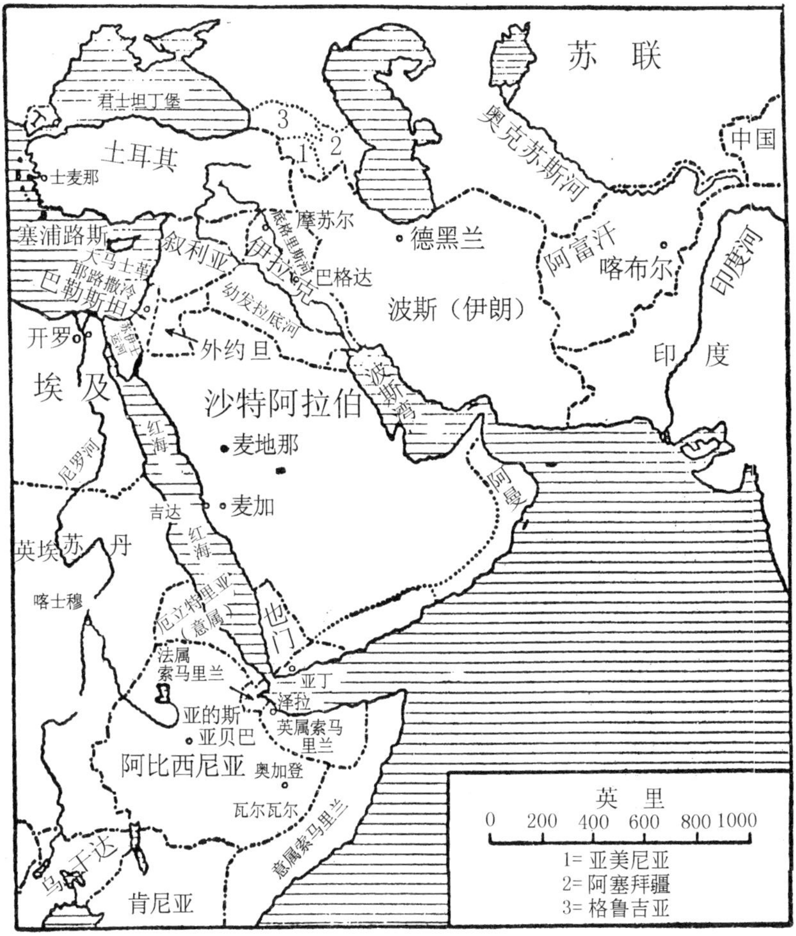

中　东

东和亚洲大国。伊朗是东半球幸运地拥有最丰富的石油储备的国家之一，在 1925 年篡位的专横的国王礼萨·汗的统治下一片繁 234
荣。阿富汗缺乏自然资源并夹在苏联的中亚地区和英属印度之间，享受着有点危险的独立，然而，由于 1934 年允许它加入国联，其独立地位得到了加强。

其他中东国家是前土耳其帝国的阿拉伯行省，它们的命运已经得到叙述(见第 17 页)。在所有这些国家中，阿拉伯民族主义是两次世界大战之间的年代中的主要问题。将主要的阿拉伯领土在英国与法国的委任统治之间进行划分，使那些期待着建立统一的阿拉伯王国的阿拉伯领导人极度失望。英国政府进行了一些努力来减轻这种失望情绪。汉志国王侯赛因的一个儿子成为伊拉克的国王，而另一个儿子成为外约旦的埃米尔。但是，由于不同地区的阿拉伯人之间——从文明开化的城镇居民到原始的游牧民——存在着传统和发展的巨大差异，因此使问题变得更为复杂。阿拉伯的政治统一仍然是一个未来的梦想。但是，在战争当中为了使土耳其人为难，协约国刻意鼓励阿拉伯的民族主义，而这种民族主义在战后曾多次使阿拉伯人民卷入与委任统治国和生活在他们中间的非阿拉伯少数民族的冲突之中。

伊拉克作为英国第一块委任统治领土，其地位从一开始就不同寻常。从没有正式授予英国对伊拉克的委任统治，取而代之的
235 是英国和伊拉克之间的一个得到了国联批准的条约，在该条约之下，英国承诺“在收到请求……并且不损害伊拉克的国家主权的情况下”，向它提供“建议和帮助”。伊拉克对英国的重要性部分是由于它所拥有的丰富的石油资源，部分是由于它处于从欧洲到印度的直飞航线上的有利的地理位置。然而，英国的大部分舆论反对无限期地延长英国对一块几乎处于亚洲内陆领土的统治；伊拉克则受到鼓励而期待着那一时刻，用国联盟约的话来说，就是“能够自立”的时刻的到来。这个结果终于在 1932 年达到了。委任统治得以结束，伊拉克与英国签订了为期 25 年的同盟条约，并成了国

联的成员国。伊拉克的独立引起的最困难的问题是它的非阿拉伯少数民族问题,其中以库尔德人和亚述人的问题最为重要。不幸的是,伊拉克加入国联不到一年,在亚述人当中发生了骚乱,并导致了500名亚述人被伊拉克军队屠杀的惨剧。这个独立国家大家庭的新成员——同时也是国联的第一个阿拉伯成员——的持续稳定,看来在很大程度上要取决于保留富有经验的英国顾问们,他们继续在政府的许多机构中帮助伊拉克政府。

英国在亚洲的第二块委任统治领土被约旦河从地理上和行政
区域上分为两个部分,巴勒斯坦位于河的西岸,而外约旦在河的东 236
岸。外约旦是一个纯粹的阿拉伯国家;它的国际关系的历史只限于偶尔与它的邻国发生的边界争端。另一方面,巴勒斯坦却出现了比其他任何委任统治地区都更为严重的问题。

有关巴勒斯坦的委任统治条款(这是为了履行英国政府1917年对犹太人的承诺)规定,委任统治国的责任是"将该地区置于那种将确保建立犹太民族之家的政治、行政和经济的条件之下,同时保证巴勒斯坦所有居民的公民的和宗教的权利"。即使协约国政府在战时并没有鼓励阿拉伯民族独立的渴望,这个责任可能也是很难完成的。但是,对犹太人做出的保证和给以阿拉伯人的更为含糊的承诺(无论对错,这种承诺被认为包括巴勒斯坦)之间相互矛盾,给未来带给了严重的麻烦。1919年巴勒斯坦的居民几乎都是阿拉伯人,估计大约不足70万人。委任统治制度的建立使巴勒斯坦成为犹太人公认的中心,并因此而使这个地区向犹太移民打开了大门。在最初几年中,犹太人的移入相对谨慎,但是当经济危机笼罩整个欧洲时,犹太移民迅速增加,而德国的纳粹革命开始之

后，更多的犹太人离开德国涌入巴勒斯坦。到 1934 年底，在巴勒
237 斯坦的犹太人已经达到 30 万人，而且如果当局不进行严厉的限制，移民人数还会进一步增加。犹太移民把西方的文明带到落后的东方的土地上。柑橘的生产变成了建立在现代化生产线上的繁荣的大规模的产业；巴勒斯坦也很有希望成为中东的商业中心。犹太人的城市特拉维夫的建立和海法港的发展在现代世界中堪称奇迹。在整个经济危机期间，巴勒斯坦是一个国内外贸易都飞速增长的地区。

在这种繁荣的浪潮中，非犹太居民也分享一杯羹。1919 年到 1934 年，非犹太人口上升到 90 万人，所以他们仍然以 3∶1 之比在数量上超过犹太人。但是，阿拉伯农民缺乏训练，目光短浅并缺少资金，不能和犹太人相抗衡，而且发现他们在自己的家园里已经令人烦恼地降到了低人一等的地位。如果小冲突忽略不计，在 1921 年、1929 年和 1936 年都发生了导致几百人死亡的、严重破坏和平的骚乱。关于这些骚乱的最为严重的事实是，它们不是针对着犹太移民的到来损害了阿拉伯人的利益并随之带给阿拉伯人的苦难，而是针对着在巴勒斯坦建立犹太民族之家的整个原则。

1936 年底，英国成立了一个皇家委员会去调查阿拉伯人骚乱的起因并提出建议。他们的报告于 1937 年 7 月发表，建议将这个
238 地区一分为三：圣地永久地处在英国的控制之下，同时在加利利[①]和沿海的平原建立犹太人的主权国家，其余的部分与外约旦合并成为一个阿拉伯国家。这个计划遭到了各方面的攻击，而且在提

① 巴勒斯坦北部的古罗马地名。——译者

交给国联委任统治委员会之后也没有获得它的支持。与此同时，暴行仍在继续；不仅犹太人和英国人遭到谋杀，就是阿拉伯人也被谋杀，如果他们被认为是支持这种妥协的话。英国任命了另一个委员会去调查这个计划的可行性；但是1938年该委员会的报告极为坚决地反对这种分割方案，使该计划最终作废，于是英国政府在伦敦召开了一个会议。犹太人和阿拉伯人的代表分别获得邀请，并分别就他们的情况向英国政府陈述意见；如果有可能，以后将在一个联席会议上制定解决问题的方案。但是没有达成协议，于是英国政府决定强制实行它自己的解决办法，该办法的妥协的基础，是规定五年之内犹太移民限制在每年一万人的数字之上。与此同时，通过更为严厉的军事控制而成功地恢复了秩序；但就整体而言，伊斯兰世界也在某种程度上得到了安抚。对他们来说，巴勒斯坦本来就是他们的阿拉伯祖国的最根本的部分。然而在大部分的西方世界，特别是在说英语的国家的新教徒，他们熟悉《旧约全书》和《新约全书》叙述的历史，但是对自彼拉多[1]时代以来小亚细亚的事态发展知之甚少，他们同样确信巴勒斯坦自然应该属于犹太
人。另外，残忍的逐步升级的种族迫害看来也使向犹太人提供某 239
种避难场所成为一种国际需要。

委任统治本身规定把法国的委任统治领土一分为二：叙利亚和黎巴嫩。黎巴嫩是与叙利亚和巴勒斯坦边界相邻的狭长海岸，其居民中的大多数是阿拉伯的基督徒；这块领土实行的是共和政体，在得到委任统治国通过定期的干预而给以支持的情况下继续

① 彼拉多是古代罗马统治的巴勒斯坦南部的审判耶稣的总督。——译者

发挥作用。黎巴嫩的基督徒由于其宗教信仰而远离了阿拉伯的民族主义运动,他们似乎对法国的保护而提供的安全是满意的,尽管也稍有微词。

另一方面,叙利亚的阿拉伯民族主义却证明就像伊拉克和巴勒斯坦的阿拉伯民族主义一样强大有力。在伊拉克,英国以牺牲少数民族为代价组建了一个统一的国家。在叙利亚,法国实行相反的政策,法国从叙利亚划出原有的主要由非阿拉伯人居住的三个区域。其中的两个区域——沿海的拉塔基亚和南部的德鲁兹山区——置于法国政府的直接管理之下。第三个地区——北部的土耳其人居住的行政区亚历山大勒塔——成为一个自治省,处于叙利亚政府的名义上的宗主权之下;1939 年 6 月,作为法国的整个地中海政策的一部分,法国签订了一个协定,根据该协定法国把这个行政区的大部分,即亚历山大勒塔的桑贾克,割让给了土耳其,条件是土耳其人要放弃对叙利亚的所有其他要求并停止在该国中
240 的宣传。这种肢解政策激起了叙利亚阿拉伯人的强烈愤慨。不时发生严重的反抗事件,最严重的事件发生在 1925 年,当时法军炮轰了大马士革;而且,从 1933 年起,叙利亚的宪法被完全停止实行。1936 年,法国政府与叙利亚领导人之间开始了新的谈判,并于 11 月以英国—伊拉克条约为蓝本签订了一个条约。该条约批准之后,叙利亚将要求法国支持它加入国联。但是批准条约的时间拖延得太久,以致到 1939 年初,大马士革发生了民族主义者的暴动,于是协约国最高专员发布法令解散了议会并将行政权置于"五人执政委员会"的手中——法国控制了叙利亚的国防。

在阿拉伯半岛,这一时期最令人瞩目的事件是前内志的苏丹

伊本·沙特的崛起。在第一次世界大战期间,伊本·沙特支持协约国反对土耳其,同时他也接受协约国的津贴。在和平协定中他并没得到承认。但是,在这个游牧人口居住的边界模糊的地区,他通过不断的蚕食和有力的管理扩大了他的版图;1926 年他打败并驱逐了汉志的国王侯赛因,兼并了汉志的领土并自封为汉志和内志的国王,随后整个国家的名字也变成了沙特阿拉伯。伊本·沙特明确地实现了他的要求,被公认为是最强有力的、独立自主的阿拉伯的统治者。沙特阿拉伯并没有申请加入国联。但是在 1936
年,它通过与伊拉克、外约旦和埃及签订条约而巩固了它的国际地 241
位。阿拉伯国家所表现出来的这种团结,在某种程度上似乎是由于担心意大利在阿比西尼亚得手之后的野心;而同样的前提也使英国与阿拉伯国家之间的关系增加了诚意。

尽管"中东"这个术语在通常情况下并不包括埃及,但是在这个对讲阿拉伯语国家的简短地概述中也必须提及它。苏伊士运河的开通使埃及成为大英帝国交通的中枢;而且在战前的大约 30 年中,尽管土耳其在名义上是埃及的宗主国,但埃及却一直处于英国的占领之下。当 1914 年 12 月土耳其卷入战争的时候,土耳其的宗主权被取消,并宣布英国成为埃及的保护国。战争之后,风起云涌的民族主义潮流使英国很难再维持这种保护国的地位;于是 1922 年,在与埃及的民族主义领导人达成协议的努力失败之后,英国发表了一个宣言,承认埃及的独立,但保留了英国对该国的国防权利、保护外国人和少数民族的权利以及英国与埃及联合保持对苏丹的主权。紧随这个宣言之后的是对外国的一个通告,宣布任何外国对埃及事务的干涉都将被英国视为对其自身安全的

威胁。

从这个宣言中产生的混乱形势使双方都陷入了困境。它们不止一次地企图通过签订一个条约来使局势正常化。但是直到
242 1936 年,当时意大利在阿比西尼亚的胜利激起了英国与埃及改善它们之间互相关系的强烈愿望,这些努力才获得了成功。根据 1936 年 8 月签订的条约,英国承诺:在某些条件下,从埃及内陆撤出英国的军队,英军只在运河区内驻扎;英国帮助埃及确保废除治外法权条款,即废除在这个国家的主要外国的国民所享有的治外法权;支持埃及成为国联成员的要求;与埃及官员共同管理苏丹。

在 1937 年 5 月 8 日蒙特勒召开的会议上,这些承诺得到了履行,当时有关各国宣布放弃他们的治外法权;5 月 26 日批准埃及作为一个主权国家进入国联。1938 年埃及与英国谈判了一个关于供给英国军队的协定,这些英军是在以前的条约中留下来保卫苏伊士运河的;于是尽管埃及坚持其独立地位,但仍然完全忠实地履行它对英国的义务。

远　　东

1933 年 3 月日本退出国联,使远东的局势日益紧张。日本很快巩固了它对满洲的征服并坚持它作为东亚主导国家的地位。它的第一个重要的政策宣言包括在 1934 年 4 月日本外务省对新闻
243 界发表的声明之中。该声明在谈到日本"在东亚负有特殊责任"之后,明确宣称"除了中国以外,没有任何国家处于与日本共同承担维护东亚和平的责任的地位之上",而且日本"反对"由外国单独地

或联合地援助中国的任何行动。这种反对涉及“在技术或财政援助的名义下”采取的行动(诸如近来由国联提供给中国的)以及以提供战争物资或贷款,或以派遣教官或顾问的形式提供的军事援助。该宣言后来被称之为“日本的门罗主义”,在随后的一些场合得到多次重复。1935 年夏天,面对中国人的被动的抵抗,日本企图将中国北部的几个省份从中国其他部分分离出去的努力失败了。但是在毗邻满洲的一条狭长的中国领土上,当地的日本军事机关成功地建立了一个名为“冀东自治政府”的傀儡政权;随后他们进一步通过蓄意干预中国海关当局活动的办法,在这一重要的地区怂恿大规模的走私贸易——这是一个巧妙的花招,目的是将非法的利润流入日本商人的口袋并使中国政府的资源枯竭、威望受损。1936 年在中国的一些地区不时发生的谋杀日本人的案件,证明了中国人被激起的强烈的仇恨之感。

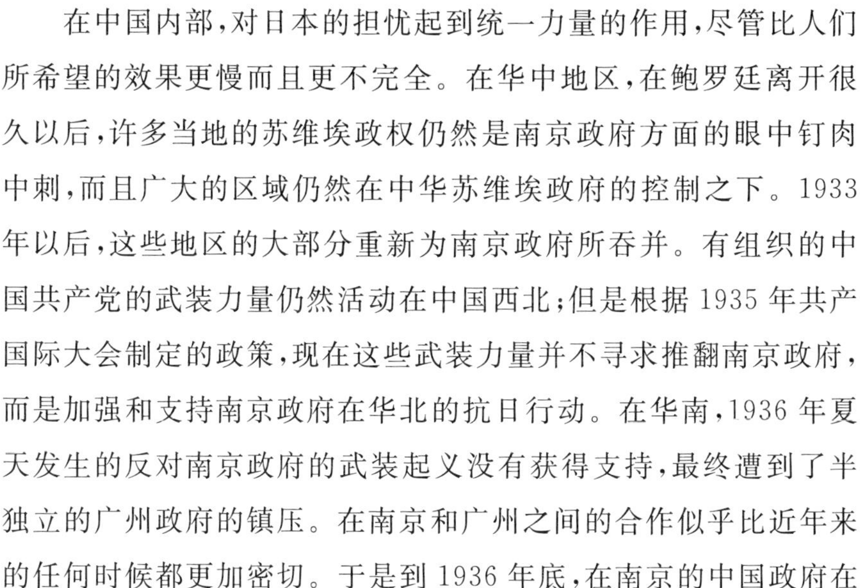

在中国内部,对日本的担忧起到统一力量的作用,尽管比人们 244
所希望的效果更慢而且更不完全。在华中地区,在鲍罗廷离开很久以后,许多当地的苏维埃政权仍然是南京政府方面的眼中钉肉中刺,而且广大的区域仍然在中华苏维埃政府的控制之下。1933 年以后,这些地区的大部分重新为南京政府所吞并。有组织的中国共产党的武装力量仍然活动在中国西北;但是根据 1935 年共产国际大会制定的政策,现在这些武装力量并不寻求推翻南京政府,而是加强和支持南京政府在华北的抗日行动。在华南,1936 年夏天发生的反对南京政府的武装起义没有获得支持,最终遭到了半独立的广州政府的镇压。在南京和广州之间的合作似乎比近年来的任何时候都更加密切。于是到 1936 年底,在南京的中国政府在

蒋介石将军的领导下，逐渐加强了它对华中与华南的控制，并继续保持着它对华北抗日的影响。12月，在西北前线发生了一场短命的叛乱；蒋介石本人被造反的军队羁押了几天。然而，叛乱者的屈服反而加强了他的地位，于是中国似乎走上了统一之路，统一在抗击日本侵略的旗帜之下。

但是1937年7月，日本军队和中国军队在北京附近发生冲
245 突，并进而引发了一系列事件；于是在没有宣战的情况下，战争开始了。北京的人口被疏散，继续抵抗的中国人逐渐撤退到黄河一线，同时，日本的海军和空军进攻了上海。到这一年的年底，日本人不仅占领了上海，而且攻陷了首都南京。空中轰炸使大量手无寸铁的民众遭到大屠杀，而且，不知是出于事故还是出于错误的热情，日本的轰炸还附带炸伤了英国驻华大使并在长江上游炸毁了一艘美国船只和一艘英国船只。但是欧洲事态的发展迫使英国将自己的愤怒限制在外交抗议的层面，而美国则接受了日本的道歉。与此同时，在中国代表把事实摆在国联面前的情况下，国联正式谴责了日本破坏条约义务的无理行动，并请求国联成员国考虑它们各自能够在多大程度上帮助侵略行动的受害者。

尽管日军在装备和训练方面占有优势并到处继续大举进攻，但中国的抵抗意志依然高涨。首先，已经成为临时首都的汉口及其卫星城镇于1938年7月陷落，然后到10月，日军出人意料地轻取广州。日本逐渐控制了所有港口，致使中国军队只能依靠他们能够通过陆路得到的来自苏联的供应，或通过滇越铁路的进口，或通过一条新建的滇缅公路获得来自缅甸的英国的物资。到1939
246 年底，日本人切断了滇越铁路；滇缅公路运输压力过大；而且不再

能够指望苏联的援助。但是中国继续抵抗。

日本占领满洲引起了苏联方面的严重忧虑并迫使它考虑各种对策。主要有以下几种。首先，苏联寻求并获得了美国政府的正式承认（见第 202 页）。其次，通过出售给日本（名义上是出售给“满洲国”）横穿满洲的中东铁路的俄国的股份，以减少与日本发生摩擦的机会。第三，它扩大了苏联在中亚的影响。由许多不同民族杂居的中国最西部的省份新疆，长期以来实际独立于南京政府，并成为相互争夺的当局进行周期性内战的战场。1933 年，苏联军队和飞机介入一次当地的冲突，并使南京政府承认当地中国的地方长官能够恢复秩序并重建他的权威。一时间苏联在新疆的政治和经济的影响达到了顶峰。1936 年 3 月外蒙古——尽管在名义上仍然处于中国的主权之下，但实际上自 1921 年以来就已经成了苏联的一个共和国——与苏联签订了一个同盟条约，规定一旦遇到外国侵略，双方相互保证给另一方以援助；而且大约与此同时，斯大林直截了当地告诉一位美国记者，日本对外蒙古的任何干涉都将意味着与苏联的战争。于是，就像日本在“满洲国”建立的前哨基地一样，苏联在新疆和外蒙古也拥有了前哨基地，尽管苏联对 247
当地政府的控制不像日本在“满洲国”的控制那样直接。

美国与世界政治

1930—1933 年的经济危机在许多国家中导致了比美国更为灾难性的后果。但是它在国家职能的普遍观念上引起的变化，任何地方都不如美国的变化更为直接也更为激烈。在危机爆发之前，除了唯一的保护关税的条款之外，美国保持着几乎纯粹的自由放任主义和不限制私人企业的原则。国家干预工商业仍然被普遍认为是不受欢迎的，非美国式的，甚至是不道德的。但这场危机暴露了这种观点的明显谬误之处。当工业和金融的整个结构摇摇欲坠，十分之一的人口处于失业状态时，劳资双方都指望国家的救济；于是罗斯福总统的施政历史便成为一种在新的基础上重建美国经济生活的长期努力。当经济开始复苏时，保守的势力试图重申他们自己反对最终被称之为“新政”的政策。美国宪法授权国会“管制国内外贸易”。这只是一个能够涉及诸如价格控制和规定劳
248 工状况等问题的有点牵强附会的解释。政府对控制工农业以及保护劳工的一些更为激进的措施被最高法院裁决为违宪，并不得不被取消。但是 1936 年 11 月罗斯福总统以压倒多数重新当选表明，大多数美国人是如何全心全意地接受了国家调控的新原则的。

1933 年以后的一些年中，国内的和平变革占用了美国政府的主要精力，以致外交事务降于次要地位。日本在满洲冒险的最初影响是鼓励美国与国联合作(见第 165 页)。1932 年夏天，无论是共和党还是民主党都宣布，一旦巴黎公约受到破坏或受到破坏的威胁时，他们自己赞同美国政府与其他政府进行协商；而且在 1933 年 5 月出席裁军会议的美国代表团宣布，一旦达成裁军公约，美国政府将同意在未来的突发事件中与其他政府进行协商，并且不会阻碍它们可能决定采取的任何行动。但是，当裁军大会失败，欧洲和太平洋的形势变得更加阴暗和更加危险时，美国的舆论却迅速转向了孤立主义方向。1935 年 12 月在伦敦召开了海军会议来研究当伦敦海军条约(见第 182 页)于该年底到期时将产生的

形势。1934年底日本已经根据条约规定，提前两年发出要终止1921年华盛顿五国海军条约的通知；而且已经证明不可能让日本 249
继续接受华盛顿条约的比率，或把它的舰队限制在低于英国和美国舰队的任何比率之上。伦敦会议的唯一结果是在英国、美国和法国之间达成了一个协议，规定事先通知他们彼此建造的或得到的战舰，并限制不同类型战舰的最高吨位。到1936年底，各缔约国在其他方面将不受限制。

自1935年初开始，美国政府在国际事务中的主要目标就是避免卷入战争的任何可能性。在这一年，遵循减少它的义务的政策，美国决定从菲律宾——这个美国在西太平洋上的唯一基地——撤退，并且承诺在10年试行期满之后让这个岛国完全独立。同样重要的是1935年夏天通过的中立法案，该法案授权总统，在战争爆发的情况下，禁止对交战双方出口战争物资和关键性产品。总统在意大利—阿比西尼亚战争中行使了这种权力；1936年2月对该法案的一个修正案进一步规定，在未来的战争中这种禁运不仅是可选择的而且是强制执行的。该法案对交战国附加了禁止贷款的条款，但意味深长的是，它把美洲的共和国排除于该法案的实施范围之外。

与美国方面力图把他们自己从欧洲和远东的政治麻烦中孤立
出来的做法相伴随的，是他们同样明显的要求与其他美洲国家拉 250
近关系。许多年以来，在中美洲和南美洲的各国中存在着对美国的传统的不信任。门罗主义被广泛解释为含有美国为了维持秩序和保护外国人的生命和财产有权利并有责任去干涉中南美洲事务的意思。于是1903年古巴和美国之间的条约明确给以后者为了这些目的而进行干涉的权利。美国的海军陆战队甚至从1912年起就驻扎在尼加拉瓜，只有一次短期的间歇，而自1915年以来就一直驻军海地；但在其他国家没有进行长期干涉。泛美会议（它的第一次召开是在1889年）并没有消除被直率地描绘成“大棒”政策和“金元帝国主义”政策所产生的怨恨。

大约在1930年，部分是作为经济危机的后果，美国的舆论开
始脱离在中南美洲进行干涉的政策。1933年初，美国海军陆战队
撤离尼加拉瓜；而且就在那一年3月罗斯福总统的就职演说中，他
宣布“美国致力于睦邻政策”，这些话被认为预示着传统态度的明
确改变。同年，阿根廷共和国发起了一个新的公约，规定放弃侵略
战争并且不承认利用武力造成的形势。该公约受到美国的欢迎，
251 并由许多美洲的以及一些欧洲的国家所签署。1933年底在蒙得
维的亚召开的第七次泛美会议是美国国务卿发表和解讲话的机
会。第二年人们就看到美国从海地最后撤军并废除了1903年美
国与古巴的条约。1936年12月，在罗斯福重新当选总统之后不
久，他便亲自出席正在布伊诺斯艾利斯召开的第八次泛美会议，以
此向拉丁美洲表示出非同一般的注意力；这次会议通过了一个条
约，它规定：一旦发生威胁任何一个美洲共和国和平的事件，签字
各国将“在它们之间协商采取和平合作的方法解决”。尽管在
1930年代有两次战争（见第174页）损害了南美洲的形象，但在美
洲大陆的国际关系比以往的任何时候都变得更加真挚友好。

与此同时，在美国的领导下，把美洲共和国之间的关系变得更加紧密一致，以及阻止它们卷入其他国家的战争的双重趋势继续发展，而美国自身也进一步发展了旨在保持中立的立法。1935年

的法案条款和其后对它的修正案只采用了两年;1937 年又通过了
一个新的中立法案。它重申在武器出口和贷款方面实行禁运。它
禁止武装美国商船,也禁止美国公民乘坐任何交战国的船只旅
行——因为对他们的伤害可能使美国卷入战争。它授权总统对禁 252
止用美国船只向交战国出口物资有自行决定权,根据“现款自运”
的原则,那些能够运输这些物资的国家在付款之后将自行解决运
输问题。总统还被授权允许把物资运到“与美国接壤的土地
上”——换句话说,可以运到加拿大——因为不可能从中断运输中
产生冲突的理由。

然而,避免在欧洲承担政治义务并不意味着完全的孤立。美国的舆论几乎一致同意与欧洲的经济合作政策,就像与其他大陆的经济合作政策一样。国务卿科德尔·赫尔充分利用于 1934 年首次通过、并于 1937 年重新续订 3 年的“互惠贸易协定法案”,与包括大多数美国对外贸易伙伴在内的 22 个国家进行谈判,以解决涉及在相互降低关税和限制对贸易施加其他限制的最惠国待遇的基础上的贸易协定问题。他相信经济民族主义在最终导致战争的政治危机的发展过程中是一个主要因素,并认为在最大可能自由的、并兼顾合理的保护关税的基础上重建多边贸易,将比单纯的政治和领土的重新安排更能够阻止独裁政权、侵略与战争的重现。

在远东,美国也表现出反对 1934—1937 年减少承担义务的政
策的迹象。总统有意避免承认日本在中国的军事行动所造成的战 253
争状态,因为这样的承认将导致中立法条款的实施并中断美国对
中国的援助。在中国人进行的战斗中,美国对他们表现出了明显
的偏爱,并通过进出口银行使他们可以得到贷款。美国政府坚决

拒绝放弃它在中国的任何传统权利并在中国的通商口岸和水域完全保留着它的海军和陆军力量。1939 年 7 月美国发表声明宣布废除日美通商条约，于是该条约于 1940 年 1 月最后终止。在国会以及这个国家的权势集团的强烈要求下，美国与日本的贸易关系一直处在过一天算一天的基础之上，而且对日本进口实行禁运的威胁或实行歧视性关税的威胁也一直作为对日本进一步侵犯美国权利的一种威慑。在菲律宾群岛和在美国国内，也一直存在着日益发展的、反对根据法律到 1946 年就要兑现的菲律宾的完全独立的运动。在此期间，对菲律宾贸易的特惠待遇将继续发展，要求政治和军事撤退的对该法案的修正案也被反复讨论。

英　联　邦

在严格的字面意义上，英国与其自治领的关系不是国际关系，
254 因此不属于本书论述的范围。但是由于这些自治领是国联的成员（印度也是国联的成员）并拥有独立的外交权，因此在这里必须提及它们的一些情况。

1919 年，加拿大、澳大利亚、新西兰、南非联邦和印度第一次作为国际社会的成员出现，当时它们依据自己的权利签署了凡尔赛条约，但是它们并没有按照正确的字母顺序出现在其他签字国的行列之中，而是被一起排在了“英帝国”的标题之下，这一事实表明国际社会并没有把它们作为独立的主权国家来对待；但是国联盟约的第一条款使国联向“一切国家，自治领或殖民地”敞开大门，这就显然打算考虑它们所处的特殊地位。当爱尔兰自由邦[①]在1923年申请加入国联时，它的申请得到了国联大会的批准，理由是“爱尔兰自由邦是一个自治领，是组成英帝国的一部分，与其他已经是国联成员的自治领具有同样的情况”。直到1926年才打算进一步阐明自治领的地位。同年帝国会议规定，大不列颠和自治领“作为英帝国范围内的自治共同体，彼此地位平等……以共同效忠英王而联合，在英联邦中是自由联合的成员”；1931年的威斯敏斯特法把这种地位建立在法律和宪法的基础之上，该法案获得英国议会的投票批准并为自治领所接受。

但是从这种定义中产生的国际形势并非没有受到这种模棱两 255
可的解释的影响。英国政府（1926年以后它的正式名称是“大不列颠与北爱尔兰联合王国的英王陛下政府”）始终坚持，无论是国联盟约本身还是在国联成员之间签订的国际协定，都不适用于英联邦的成员相互之间的关系。然而，这一看法一直受到爱尔兰政治家们的攻击；而其他自治领则基本上避免对这个原则问题表态。当1929年英联邦的所有成员签署国际常设法院的“非强制性条款”时（见第112页），这种分歧是非常明显的。英国在澳大利亚和新西兰的追随下发表了一个保留意见，拒绝接受英联邦成员之间的争端。加拿大和南非联邦发表了同样的保留意见，但附有一个声明，暗示他们并不认同这样的看法，即这样的争端本身是属于国际常设法院的权限之外的。爱尔兰代表团则根本就没有对这样的争端发表保留意见。关于该问题的另一个方面是存在这样的疑问

① 1922－1937年。——译者

（幸运的是该疑问注定停留在学理上），即如果英联邦的一个成员诉诸战争从而违反了国联盟约，英联邦的其他成员是否要履行盟约第 16 条所规定的义务。

尽管存在这些理论上的困难，但是在基本问题上并没有什么
256 重大的意见分歧。一些外国人认为国联的章程给了英联邦 6 个投票权，并对此感到担忧，但是实际上，这种担忧被证明是没有道理的；因为在具体的问题上——只有这些具体问题才需要在日内瓦以大多数赞成票来决定——英联邦的成员是很少完全站在同一立场上的。在财政和经济问题上，自治领和印度完全捍卫它们自己的国家利益并不惜反对英国的利益。在政治领域阻止印度的独立行动；而且证明，英联邦成员之间的差别是强调的重点不同而不是本质的不同。加拿大自我感到安全并与美国接壤，强烈要求把保卫其他国联成员的安全限制在最小程度。澳大利亚和新西兰似乎过于遥远，以致长期以来不关心国际事务。但是它们时时担心日本，并总是对任何批评它们的排斥有色人种的移民政策表现敏感。南非联邦或许更强烈地关注安全问题，并且是少数几个在 1936 年 7 月反对取消对意大利制裁的国家之一（见第 228 页）。爱尔兰似乎更为关心确立它们独立的原则而不是实行它们自己的国际政策。三个自治领——澳大利亚、新西兰和南非联邦管理着委任统治领土（见第 18 页），它们每年向国联提交有关这些委任统治领土情况的年度报告。1927 年以后行政院的一个非常任理事国的席
257 位总是由英联邦中的一个自治领所拥有。

1939 年战争的爆发最终表明，这些自治领并不认为它们自己

应当自动地遵循英国的领导，它们每一个成员都根据自己的权利、遵从它对自己的声誉和利益的判断而采取行动。

第十三章　战争重新开始

258 人们已经看到，到 1936 年底，那些对 1919 年的安排心怀不满的国家已经宣布它们不再接受这一安排的任何限制；现在它们宣称有权报复，并暗示以战争作为一种选择。在这种威胁下，英国政府最终放弃了它们打算以自己作为裁军样板的努力。1937 年 3 月财政大臣尼维尔·张伯伦宣布，国防开支将不再只由税收来提供资金。他建议为此目的而提供四亿英镑的贷款，并计划在五年的时间里总的费用将达到 15 亿英镑。首相鲍德温为这些计划进行辩护，他说，这些计划的目的是防止侵略，同时在限制开支若干年以后，这个国家现在能够为国防提供资金而又不会影响到生活水平或社会慈善救济事业。无论是鲍德温还是外交大臣艾登都拒绝承认英国已经放弃了国联。但是，当鲍德温表示希望国联的行动能够得到一些“地区条约”的补充，并建议来自某些大国对某些区域的保证时，艾登则不得不承认在此方向上没有取得什么进展；
259 而且他为英国的军备就是对和平的最好保证这一观点进行辩护。

这时，战争的威胁尚不清晰；德国的精力完全放在构建针对法国的“马奇诺防线”的防御工事上。这条“齐格菲防线”[①]完成的时

① 齐格菲是德国传说的英雄。——译者

候，它将使德国能够用一支混合部队守住西线并把它的努力集中于东线。但是整个欧洲，而且特别是法国和英国，还不能肯定在战争的新剧场里将上演什么样的剧目。

西班牙内战

1936 年下半年的最重要的事件，发生在一个过去多年来在国际事务中扮演微不足道的角色的国家里。1923 年在西班牙建立的独裁统治（见第 71 页）于 1930 年被推翻。第二年，国王阿方索十三世退位并建立了民主共和国。但是在西班牙，民主的传统从不强大；从 1931 年到 1936 年，民主政体通过在保皇党和其他保守分子组成的右派，以及由无政府主义者和共产主义者组成的左派之间的有点危险的平衡来保持自己的存在。国家的财政混乱，公共秩序也经常受到威胁。1936 年 7 月，西班牙驻摩洛哥军队的指挥官佛朗哥将军宣布军事叛乱，并率领一支主要由摩尔人的部队组成的军队进入西班牙。他没有遇到多少抵抗就占领了西班牙的南端，并逐渐控制了西班牙的整个西部。11 月中旬，叛军到达马德里郊外，政府撤到巴伦西亚，看起来首都即将沦陷。但是从这时 260
开始，政府军队的抵抗加强了；而且到这一年的年底，三种可能的结果——左派的胜利，右派的胜利，或他们之间的僵持局面——看起来几乎都是可能的。

在其他的环境中，西班牙内战可能不会成为一个国际事件。使它成为一个国际事件的原因有两个。第一个原因是意大利，它刚刚在阿比西尼亚取得了胜利，这使地中海的战略地位更为突出，

因此意大利欢迎有一个加强它在西地中海地位的机会。第二个原因是，自第一次世界大战以来一种观念已经得到发展，即一个国内体制建立在某种政治学说之上的国家期望鼓励和支持这种学说在其他国家也取得胜利。1927 年以前苏联一直遵循这种政策，其后这种政策也被其他国家所接受。1933－1934 年德国向奥地利纳粹党提供资金和武器；而意大利则更为成功地坚持在奥地利建立一个法西斯政权（见第 206 页）。1936 年意大利和德国以多少不能令人信服的理由，即作为共产主义和法西斯主义之间的斗争而介入西班牙内战，并认为它们应该支持叛军。在几乎所有这样的情况下，似乎很难区分一种政治学说的想象的利益和干涉国的国家利益之间的区别。

261 毫无疑问，无论如何意大利是暗中参与佛朗哥将军的叛乱的；从一开始，佛朗哥就在意大利飞机的帮助下从摩洛哥运送他的军队。在几个星期之内，西班牙内战就使所有欧洲国家面临分为两大阵营的危险，意大利，德国和葡萄牙公开同情叛军，而苏联站在政府一边。8 月 15 日，英国政府急于不惜一切代价保持中立，对所有从英国运输战争物资到西班牙的船只实行禁运，法国随后效仿英国的做法。然后这两个国家邀请所有的欧洲国家缔结一个不对交战双方提供战争物资的协定，并且在伦敦成立了一个不干涉委员会来监督该协定的执行。主要是由于葡萄牙的不情愿，该协定拖延了一些时候才得以签订。在几周之内，这似乎遏制了对西班牙的武器供应。但很快西班牙政府和苏联政府就开始指责意大利、德国和葡萄牙破坏了这个协定；但是那些受到谴责的控诉，很快就证据充足地被用来针对苏联政府了。从 10 月以后，意大利和德国就有点公开地向叛军提供武器，而苏联则向政府方面提供武器；11 月，当时马德里的陷落似乎就在眼前，意大利和德国就正式承认了佛朗哥将军建立的政府。相当多的意大利和德国的军队在叛军的队伍里进行战斗，而由俄国人、反法西斯的意大利人和反纳粹的德国人，以及来自其他国家志愿者组成的队伍，则站在政府一边。西班牙内战表现出一场发生在西班牙领土上的欧洲内战的方 262
方面面。

大国的对抗集团

1936 年的最后几个月中发生的第二个令人震惊的事件是德国和日本之间缔结的协定。在政治上，该协定是法—苏条约的结果和其对应之物；而对此感到惊讶的唯一理由是它不应该达成得如此之快。但是这个谅解没有采取联盟条约的形式，而是采取一个相互支持反对共产主义协定的形式，这正是这一时期的特点。

于是在 1936 年底，人们看到这个世界相当大的一部分分成了两个集团，一个由德国、意大利和日本领导，另一个由法国和苏联领导。第一个集团有时被称为法西斯国家，尽管这个词汇未必适用于日本。第二个集团不能被如此简单地贴上标签。因为尽管苏联于 1936 年通过了一部宪法，其中含有遵守某些表面形式的民主内容，但是它在本质上仍然被西方民主视为异端，就像法国对共产主义的看法一样。通常根据由其政府公开宣称的政治学说的类型来划分国家类型的习惯做法很容易使人误入歧途。站在相互对抗的集团的原因并不是由于共同的政治信仰，而是基于这个事实，即

由于各种原因，第一个集团不满意1919年对世界的领土安排，而
263 这种安排正是第二个集团所要求维持的。它们之间的根本分歧在
于一些人总体上满意现有的对世界资源的国际分配，而另一些人不满意这种分配。

当时，英国政府拒绝使自己承担任何一个集团的义务并保持着谨慎的中立，直到其他大国的令人不安的行动才迫使它走出中立。1937年初，由于谣传德国的注意力集中于西属摩洛哥而引起了英国的担忧；它担忧的是佛朗哥将军会通过讨价还价把这块领土作为德国提供帮助的回报而让与德国。法国政府则公开重申1922年的协定，该协定在西班牙获得法国帮助的里弗战争之后签订，在该协定中西班牙被禁止转让这块具有重要战略价值的领土。然而，德国否认自己有任何这样的野心；而佛朗哥将军也声明他决心保持西班牙领土的完整。到这一年底，德国把在西班牙扮演的主要角色留给了意大利；它的贡献主要限于物资和技术人员，而意大利的军队则分散成独立而有特色的部队作战，他们的成功使他们在罗马受到了胜利者般的欢呼。在西班牙政府一边则很难清楚地分辨国际纵队成员的国籍；但是大部分的物资可能主要是通过法国而由俄国提供的。

欧洲的总体形势还深受法国政治危机的影响，这场政治危机在1936年6月变得尖锐起来，当时一个代表“人民阵线”(由激进主义者、社会主义者和共产主义者组成的联盟)的政府在莱昂·勃
264 鲁姆的领导下上台执政，并迅速进行劳资关系方面的法律修改，这
被有钱阶级认为是革命的行动。在这种情况下，勃鲁姆这个富有而有教养的犹太人，被指责为莫斯科的代理人。在西班牙，胜利偏

向了所谓法西斯国家支持的一边，这主要是因为在不干涉国际委员会的正式成员保证自己不介入的时候，德国和意大利却在提供物资和增援部队，并且把这种援助提高到他们认为必须达到的、能够起决定作用的程度。法国或许有能力向政府方面提供同样的援助。但是无论勃鲁姆本人对西班牙问题的感觉如何，他就像所有的法国人一样，认为法国至关重要的利益是与英国保持步调一致；而英国政府则竭尽全力，即使不能保持不干涉成为现实，至少也要防止因干涉而导致全面的欧洲战争。紧张局势一直持续到1939年春天，当时共和国在加泰罗尼亚的根据地已被攻陷，马德里最终被佛朗哥的军队所占领。英国和法国正式承认了佛朗哥的政府。

但是世界形势仍然朝着危险的方向发展。正当西班牙的战争激烈进行之时，日本发动了对中国的军事行动(见第245页)，这一行动并不因为没有宣战就不是一场侵略。1937年11月，意大利加入了德国和日本签订的“反共产国际协定”；作为这一行动的结果，意大利于12月11日宣布退出国联。通过墨索里尼亲自到慕 265
尼黑会见希特勒的正式的官方访问，意大利与德国的团结一致得到强调。作为回报，1938年希特勒在罗马也接受了盛大的欢迎仪式；人们能够证实柏林—罗马轴心的力量，但不能忘记的是，至少在理论上，日本也是附着在这个轴心之上的。那些不满意的国家为了获得满足而采取行动的时间日益迫近；在捷克斯洛伐克的德意志人已经宣布了他们的不满，并要求把他们包括在第三帝国之内。苏台德区德意志的领导人汉莱因变成了一个欧洲的人物，并对英国进行了一次宣传性的访问。

与此同时，苏联正在进行一场值得注意的大清洗。1936年苏联政府就已经审讯了许多政治家，他们是列宁的最杰出的革命战友；1937 年，又有一批久负盛名的将军被处决。值得思考的问题是，是否法—苏联盟的军事价值没有被严重地削弱。也存在着日益增长的怀疑，即是否意大利会保持对奥地利独立的兴趣，1934 年意大利已经通过把它的军队部署在布伦纳山口而表明了这种兴趣（见第 207 页）。

但是，就整体而言，1937 年只是为一系列未知事件进行准备的一年；战争的威胁似乎在地中海最为严重，意大利在那里大声宣泄它对现存的权力分配的不满。它声称它新获得了阿比西尼亚，
266 这使它有权去分享苏伊士运河的控制权，有鉴于此，它还声称，意大利人在突尼斯的人口中占有优势，这表明这块殖民地最应当属于意大利。意大利的激烈宣传直接针对英国，英国大规模的重整军备被认为预示着一种积极抵抗德国和意大利的新政策。1938 年 1 月 16 日，在日内瓦的国联行政院面前，英国外交大臣艾登解释了英国的军事准备，说明这些军事准备是对促进国联所基于的国际安全的合作原则的支持。但是在英国议会的辩论显示了英国内阁的意见分歧，于是，众所周知，艾登于 2 月 20 日辞职。他频繁地受到德国和意大利的新闻报刊的指责，说他是这些国家实现其合法要求的一个障碍，在艾登向下院解释他辞职的原因时，他说明，在意大利兑现它的诺言停止敌对宣传并从西班牙撤出它的军队之前，他反对开始和意大利的任何谈判。但是，接替鲍德温任英国首相的尼维尔·张伯伦宣布他打算开始和意大利谈判，并与接替艾登的哈里法克斯勋爵态度一致；2 月 22 日张伯伦说，鼓励小国相信它们能够得到国联的保护而反对侵略的想法是错误的。由

于两年前鲍德温曾经宣布国联是英国外交政策的主锚，所以存在
着明显的政策改变；而且张伯伦承认他以前相信这样的保护是可
能的，但是他改变了他的看法。作为保证接受英国的从西班牙撤 267
出外国军队的计划的回报，英国承诺它自己支持国联承认意大利
对阿比西尼亚的征服。

德国开始侵略

与此同时，对国际安全的新威胁发展了。在1935年签订的斯特莱沙协定中，英国宣布它关注奥地利的独立和领土完整，这与法国和意大利的态度一致。现在这种独立受到了纳粹德国对其他国家的第一场侵略的严重挑战。

1938年初，希特勒掌握了第三帝国所有武装部队的最高指挥
权，并因此而声称他将反对那些怀疑他的行动总路线的官员们；曾
为德国驻英国大使的里宾特洛甫取代牛赖特成了外交部长。随后
侵略行动开始了。在奥地利纳粹党组织的骚乱性的示威之后，奥
地利的总理舒士尼格被传召到伯希特斯加登会见希特勒，并接受
了某种形式的最后通牒，根据这个最后通牒，在他的政府中将包括
纳粹党的代表。但是，这也没有能够挽救他。3月12日，德国的
军队开进并占领了维也纳。其中的一支部队立即开到了布伦纳山
口并与意大利的哨兵互致敬意；自1934年以后意大利的态度已经
发生了根本的变化。奥地利没有进行抵抗，而且把奥地利并入第 268
三帝国可能在这里受到了大多数人的欢迎。但是很明显，接下来
在另一个国家的侵略行动将受到激烈的反对。德国吞并奥地利的

行动对捷克斯洛伐克的影响是，现在它在相当长的边界线上与德国的军队直接面对。在这条边界线的一部分，即沿着面对德国的喀尔巴阡山一带筑有坚固的防御工事；但是在其他方面，即面对奥地利的边界线则是开放的。捷克斯洛伐克的总人口不到1500万：其中大约350万是苏台德区的德意志人，而且密集地聚居在边界一线。通往南方的多瑙河流域有100万马扎尔人，他们要求重新与匈牙利合并；在东部，波兰对位于切什青的重要矿区提出要求，该矿区是捷克斯洛伐克在1920年通过协约国强制实行的一个协议而获得的(见第33页)。

在这种形势下，德国准备在沿捷克斯洛伐克边界一线进行大规模的军事演习。捷克斯洛伐克的政府则动员了他们的一些后备部队，同时作出急切的努力去与苏台德人达成协议。但是捷克人不仅能够维持国内秩序，还准备抵抗武力入侵；而且一旦捷克斯洛伐克受到攻击，法国和苏联保证援助他们。英国并没有直接采取行动的义务。但是3月24日张伯伦在下院说，如果英国的盟国法国由此原因而卷入战争，事实的无情的压力很可能证明比正式的声明更有力量。这种措辞被分析为传递了这样一个保证，即如果法国援助捷克斯洛伐克，英国也会同样如此。

269 然而，对欧洲战争的担忧仍然主要与西班牙的斗争有关，在那里英国的船只在共和国政府控制的港口运输货物时，频频遭到叛军飞机的轰炸，据说这些飞机是由德国或意大利的飞行员驾驶的；而由英国提出的从双方撤出外国军队的时间表还在讨论之中。为了化解中欧日益增长的麻烦迹象，朗西曼勋爵作为调解人和顾问被派往布拉格(名义上是应捷克政府的要求)。但是在同德国政府磋商之后，苏台德人提出的要求越来越坚决，而且尽管捷克政府提出了新的妥协方案，但是9月12日，希特勒在纽伦堡的一次大型集会上，仍然建议苏台德人坚持他们回到第三帝国的要求并保证德国的军队将会支持他们。由于法国和苏联保证支持捷克人，这就预示着战争的危险。为了英国的利益，现在张伯伦主动采取了行动。9月14日，他建议亲自去德国寻求和平解决的办法，15日他乘飞机前往慕尼黑并被带到伯希特斯加登会晤希特勒。然后他于第二天再次乘飞机返回伦敦，并于9月18日会见了法国总理达拉第和外长庞纳。在此期间国联大会正在召开；李维诺夫公开重申了他已经给以捷克斯洛伐克政府和法国政府的保证——如果法
国为了援助捷克斯洛伐克而介入，苏联将利用自己的一切资源来 270
帮助捷克人。但是没有关于军事合作的磋商。整个这一年，直到年底，斯大林的大清洗仍在进行，并引起了对苏联军事机器效率的广泛的不信任。

张伯伦和达拉第共同制定了一个计划，他们将联合向捷克斯洛伐克政府提出这个计划。该计划涉及割让相当大的一片由苏台德德意志人居住的领土，张伯伦后来把这种割让说成是一个剧烈的但必须实施的外科手术。捷克斯洛伐克政府在英国和法国的难以抗拒的压力下，宣布他们被迫勉强接受这个计划；于是张伯伦飞回德国，在莱茵河畔的葛德斯堡第二次会晤了希特勒。这一次元首提出的要求是如此令人吃惊，以致张伯伦除了把他们的一份备忘录交给布拉格之外拒绝做任何事情。已经决定的是，如果希特勒实施立即进军捷克领土的威胁行动，法国和英国将支持捷克人的抵抗：英国的海军已被动员，同时在伦敦采取了紧急的反空袭措

施。但是张伯伦仍然坚持认为，已经作出的妥协没有留下什么值得进行一场战争的明显争论，他呼吁墨索里尼召开一次新的会议；这一呼吁得到了响应。9月29日，在希特勒、墨索里尼、张伯伦和达拉第出席的会议上制定了一些将强加给捷克人的条件。在这个
271 讨论中既没有捷克代表出席，也没有苏联代表出席；屈服于这些条件的捷克斯洛伐克政府无力面对愤怒的人民，辞退了他们的官员。捷克军团的杰出领导人西罗维将军宣布接管政府。几天以后，自马萨里克去世后就接替总统职务的贝奈斯也辞了职并离开了这个国家。现在张伯伦看起来已经取得了胜利。当他飞回英国时，他受到了巨大而热情的欢迎并骄傲地展示了一个由希特勒和他本人签署的文件，该文件宣布了这两个国家希望避免所有可能的争执之源并为欧洲的和平作出贡献的强烈愿望。尽管达拉第没有这样一个相似的文件，但是他在法国也受到了同样的欢迎。

人们后来知道，希特勒向张伯伦保证获得苏台德的领土是他在欧洲的最后的领土野心，而且除了德意志人以外，他并不希望把其他种族的人民包括在第三帝国之内。1938年9月26日他本人在柏林的帕拉斯特体育馆的讲演中说："我已经对张伯伦先生保证，而且我现在再强调一遍，在这个问题解决之后，德国在欧洲就不再有领土要求了。我将不再对捷克国家感兴趣，而且我能保证这一点。我们不想再要任何一个捷克人。"

捷克斯洛伐克国家遭受了巨大的领土损失。在东部，波兰以武力行动相威胁，要求得到带有重要煤矿区的切什青地区，这个要求得到了满足。在南部，匈牙利要求居住着近100万马扎尔人的
272 一大片领土，该地区也不得不割让出去。斯洛伐克一直是捷克斯

洛伐克国家的一个不安定的和不满的伙伴，现在要求自治。相比较而言，斯洛伐克是一个落后的区域，而且它的政府机构主要在捷克官员的管理之下；由此而导致的嫉妒被德国的代理人不断地煽动起来。斯洛伐克越来越与捷克地区相分离，而且现在处于严重的无政府状态。根据在慕尼黑强加给捷克斯洛伐克的条款，一个由英国、法国、意大利和捷克斯洛伐克再加上德国的代表组成的国际委员会，将决定苏台德区和捷克领土的分界线。但是实际上德国的军队已经开了进来，并占领了它选定的地区，包括几个捷克人口占压倒多数的城镇。没有作出努力为捷克国家建立一个有效运转的行政机构；同时波兰人和匈牙利人通过军事占领而确保自己的要求得到满足，但遭到捷克军队的抵抗。特别是位于这个狭长的捷克斯洛伐克领土的最东部的凸出部分，即落后的省份罗斯尼亚尚在争论之中。匈牙利要求这个地区是因为拥有它将使匈牙利和波兰有一条共同的边界；但是德国更希望这块伸展到罗马尼亚边界的楔形地区仍然在名义上属于斯洛伐克，而斯洛伐克正日益处于德国的控制之下。因此，尽管这个由大国在慕尼黑做出的强加的安排确实避免了战争的爆发，但是除了 300 万德意志人，以及对巨大的斯科达兵工厂的控制将永久属于德国之外，没有解决任
何问题。英国和法国承认他们已经蒙受了巨大的外交失败，正在 273
采取积极的措施完成他们自己的重整军备任务；而一个又一个继任捷克政府首脑的处于窘境的政治家们则在所有的场合表达了他们遵从德国政策的愿望。

但是，屈服是不够的。希特勒声称他担忧仍然处于捷克统治下的大约 25 万德意志人的安全，并在 1939 年 3 月 15 日传唤继任

贝奈斯成为国家总统的哈查去见他，在希特勒的猛烈的军事行动的威胁之下，哈查被迫同意波西米亚和摩拉维亚的旧省区应置于德国的保护之下，并由德国军队占领。实际上，当时德国军队已经进军穿过了边境并占领了一些捷克的城镇。斯洛伐克只剩下名义上的独立；而 650 万捷克人现在又一次处于德意志的统治之下——这种统治完全不同于他们曾经作为奥地利帝国的一部分所经历的那种统治。

战 争 爆 发

希特勒作为一个征服者进入布拉格之后，立刻向立陶宛政府发出了一个最后通牒，要求它割让默麦尔及其周边地区。3 月 21
274 日，德国占领了该地区，并立即开始重新武装这个波罗的海的港口城市。大约与此同时，里宾特洛甫专横地向波兰大使口授了德国要求强加给波兰政府的条款。这些条款是：把控制维斯杜拉河口的但泽归还给德国，德国应得到穿越“波兰走廊”连接东普鲁士和德国其他地区的一长条领土。波兰的回答是拒绝接受任何强制性的条款。

由于事情已经很清楚，希特勒对张伯伦的个人保证毫无价值，而且对捷克斯洛伐克采取的策略开始用于对付波兰，因此英国政府现在采取了决定性的步骤，宣布“如果发生任何明显威胁波兰独立的，而且波兰政府因此而认为亟须以他们国家的力量来进行抵抗的行动”，英国将尽其全力给以所有的支持。法国已经与波兰结盟；但是张伯伦被授权宣布他也代表法国讲话。

仅仅几天以后，意大利在没有任何被激怒的情况下发动了迅速的进攻并占领了阿比西尼亚的多个港口，从而使自己成了这个国家的主人，通过一个可笑的讽刺，意大利把保护这个国家独立的任务特别委托给了它自己（见第 70 页）。侵略行动就是这样在一个新的地区公开宣布了自己的存在；于是英国将它的新政策扩展到与法国一起保证援助希腊和罗马尼亚，该保证与他们给波兰的保证相似，尽管由于波兰有它自己的骄傲之感，使英法与波兰的保证是互相的，即如果英法受到攻击，波兰也将援助它们。看起来南 275
斯拉夫受到的威胁似乎并不比希腊受到的威胁小，但它声明它觉得不需要援助。南斯拉夫与德国和意大利的商业关系继续发展；并将捷克斯洛伐克的例子记在心头，很难相信这样的保证是一个相当充分的保护。然而，由于希腊拥有自己的港口，使它能够获得英国的援助；而罗马尼亚则有理由接受任何主动提出的帮助，因为它控制着曾经属于俄国的比萨拉比亚，曾经属于保加利亚的多布罗加，以及曾经属于匈牙利的特兰西瓦尼亚。另外，在这个时候，英国成功地与土耳其签订了一个条约，其中规定一旦在地中海地区出现对他们任何一方的利益威胁时，双方保证对另一方提供援助。在土耳其对亚历山大勒塔的桑贾克的要求得到充分满足之后（见第 239 页），土耳其与法国也签订了一个相似的条约。

通过 4 月 20 日英国提出的一个让所有适于服兵役年龄的男子义务接受军事训练的法案，上述准备得到了加强；在这个法案通过后，年龄在 19—20 岁之间的男子立即被动员。这个根据欧洲大陆的模式在和平时期进行征兵的行动，被认为是英国决心运用它所有的力量抵抗进一步侵略的最强有力的证明。德国政府把英国

的这个行动说成是“英国人不再认为由英国发动战争是不可能的
276 了，而是相反，英国把发动战争视为英国政策的首要问题”的证明；于是 4 月 27 日德国宣布废除 1935 年的英—德海军协定，在该协定中德国同意把它的海军力量限制在英国 35%的比例上。希特勒抱怨说，英国无视他和张伯伦在慕尼黑会议之后签订的那份协定，该协定“象征着两国人民永不再次向对方发动战争的愿望”，而且英国已经重新回到包围政策。

这种政策确实是实际正在实行的政策，而且有充分的理由；因为很明显，如果德国进攻波兰，无论是英国还是法国都不能对波兰提供直接的援助。他们的保证只具有可能的威慑作用。同样相当清楚的是，如果苏联与两个西方民主国家联合起来，一支拥有大规模空军的人数众多的军队将位于能够打击侵略者的射程范围之内。法国仍然与苏联有同盟关系，而且从 3 月起，有关联合行动的谈判一直在莫斯科进行，并深信能够取得一个好结果，特别是宣布法国和英国的军事代表已经派去参加讨论之后。但是出现了使人困惑的拖延；而且情况越来越清楚，苏联不愿意签订任何条约，除非条约包括苏联对波罗的海国家立陶宛、拉脱维亚、爱沙尼亚，以及对芬兰的领土完整的保证。但是这些国家宣布它们并不愿意接受这样一个保证，因为这种保证似乎会削弱它们的独立；它们建议
277 与德国签订互不侵犯条约，而且这样做了。波兰也拒绝考虑在任何情况下苏联军队进入波兰领土的问题。同时由于希特勒总是宣称他的政策的主要目标是反对苏联所主张的一切，那么似乎很自然的是可以指望苏联去支持任何压制第三帝国不断增长的力量的行动。继而人们突然得知，里宾特洛甫已经到达莫斯科去谈判德

国和苏联之间的互不侵犯条约。该条约于8月23日签署。这不仅把德国在东方可能遇到的抵抗限制在波兰自己的资源之内，而且保证了德国的物资供应来源，这将大大削弱海上封锁对德国的威胁。

了解到期待这个条约的公布将使英国决心撤回它对波兰的义务的愿望是如此强烈，以致张伯伦亲自写信给德国总理，警告他："如果情况发生，英国政府将毫不拖延地动用所有他们能够支配的力量。"他还补充说，根据他的判断，德国和波兰之间没有什么争论的问题"如果不诉诸武力就不能也不会解决的"。

当时的争论是关于但泽和所谓的"波兰走廊"，它们是根据凡尔赛条约从德国分离出去的(见第8页)。德国人一直愤恨东普鲁士与德国其他部分的分离;另一方面，希特勒本人也再三承认波兰
需要一个出海口。但是，波兰在它自己领土上的格丁尼亚小渔村 278 219
建设了一个新的港口，不仅妨碍了但泽作为维斯杜拉河沿岸的港口对贸易的垄断权，而且在实际效率方面也超过了但泽。商业竞争和政治理想都成为这个问题的一部分。但是将但泽包括在第三帝国中的要求标志着德国的一个野心，即建立这样一个军事力量中心，该中心将能够为德国所控制并用以切断波兰与海洋的联系。波兰还拒绝德国对穿过"波兰走廊"的治外法权区的进一步要求，这是更加广泛地吞并行动的第一步。在这种情况下，波兰拒绝让步;于是德国通过在三条分开的战线上同时入侵波兰领土而开始了战争行动。这个行动发生在9月1日。9月3日英国宣战，几个小时之后法国宣战。

附　　录

附录1　门罗主义

（摘自1823年12月2日门罗总统的宣言）

……我们认为这是适当的时机来提出与合众国权利有关的这 281
样一个原则，既是：今后欧洲任何列强不得把美洲大陆业已独立自由的国家当做将来殖民的对象。

……只有当我们的权利被侵犯或者受到严重的威胁时，我们才因所受的损害而愤慨，或准备自卫。西半球所发生的事件，当然更是直接和我们相关联着的，至于原因，所有开明而公正的观察者都会一目了然的。同盟各国[①]的政治制度在这方面和合众国是基本不同的。这种不同是由于他们有各不相同的政府而产生的。我们自己的政府是由许多鲜血和财富的牺牲换来的，它是由其最开明的人民的智慧造成的，在它的下面我们享受了无比的幸福，所以全国人民为了保卫它是可以牺牲一切的。为了开诚相见，为着合众国和列强之间现存的友好关系，我们应当声明：我们认为列强方
面把它们的政治制度扩展到西半球任何地方的企图，对于我们的 282
和平和安全都是有危害的。我们没有干涉过任何欧洲列强的现存殖民地和保护国，将来也不会干涉。但是对于那些已经宣布独立

① 指“神圣同盟”诸国，即奥地利，法国，普鲁士和俄国。

并保持着独立的，同时它们的独立，我们经过仔细考虑，根据公正的原则，加以承认的国家，任何欧洲列强为了压迫它们或以任何方式控制它们的命运而进行的任何干涉，我们只能认为是对合众国不友好的态度的表现。①

① 译文摘录自周一良、吴于廑主编:《世界通史资料选辑·近代部分》·上册(蒋相泽主编),北京:商务印书馆,1972 年,第 348－349 页。——译者

附录2　威尔逊的“十四点”

（摘自1918年1月8日威尔逊总统在国会的演说）

1.公开的和平条约，必须公开缔结，缔结后不得有任何种类的 283
秘密的国际谅解，而外交也必须始终在众目睽睽之下坦率进行。

2.领海以外，无论平时或战时，必须保持公海航行的绝对自由。只有在执行国际条约时，才能以国际行动全部封锁或部分封锁公海。

3.在一切赞成和平和参加维护和平的国家当中尽可能地消除一切经济壁垒，建立平等的贸易条件。

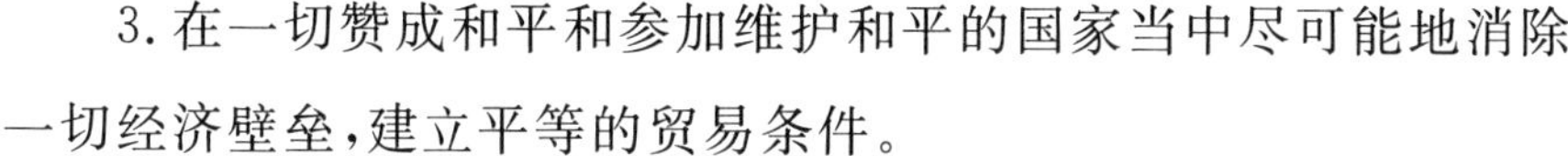

4.充分互相保证，各国军备必须裁减至符合维持国内安全的最低限度。

5.对所有关于殖民地的要求做出自由的、坦率的和绝对公正的调整。此项调整的基础，就是要严格遵守这样一个原则，即在决定所有这样的主权问题时，有关居民的利益必须与管治权待决定的政府的合理要求同等重视。

6.必须从俄国的全部领土上撤出外国军队。在解决有关俄国
的一切问题时，世界上的其他国家须保证最良好的和最自由的合 284
作，使俄国能够得到一个无阻碍的和顺利的机会来独立决定它自己的政治发展和国家政策，保证它在自己选择的制度下进入自由

国家的社会时受到诚挚的欢迎；它不仅会受到欢迎，而且还可以获得它所需要的和渴望取得的各种援助。在未来的日子里，各姊妹国家对俄国的待遇，将严峻地考验它们是否抱有良好的意愿，是否理解俄国那些与它们本身利益有所区别的需要，是否具有理智的和无私的同情。

7. 全世界都会同意，必须从比利时撤军，比利时的领土必须恢复，比利时享有与其他一切自由国家相同的主权，不得加以任何限制。要想恢复各国对于它们自己曾经制定并决心用来处理相互关系的那些法律的信任，再没有其他任何行动可以比这一行动更为有效的了。设无此项表示和好的行动，国际法的整个体系与效力，将永远受到损害。

8. 全部法国领土必须解放，被侵占的那部分领土必须归还法国。1871 年普鲁士在阿尔萨斯—洛林问题上对法国的侵犯曾扰乱世界和平几达五十年之久，现在为了再次保证有利于全世界的和平，必须予以纠正。

9. 意大利边界的重新调整，必须按照显然可识的民族界线来实现。

10. 对于我们希望保障其国际地位的奥—匈帝国治下的各民族，必须给予最自由的机会，使之获得自治的发展。

285 11. 必须从罗马尼亚、塞尔维亚和门的内哥罗撤退军队；被占领的领土必须归还；塞尔维亚应获得自由而安全的出海口；巴尔干各国之间的相互关系应以历史上建立起来的政治归属和民族界限为准则，通过友好的协商来决定；对巴尔干各国的政治和经济的独立与领土的完整，亦应予以国际的保证。

12. 对目前奥斯曼帝国的土耳其部分，必须保证它有稳固的主权；但是对现在受土耳其统治的其他民族，则必须保证他们生活的真正安全和在自治的基础上绝对不受干扰的发展机会。达达尼尔海峡，必须在国际保证下作为对所有国家的船只和商业的自由通道，永远开放。

13 必须成立一个独立的波兰国。它必须包括无可争议地是由波兰人所居住的领土，它必须获得一个自由的和稳固的出海口。它的政治和经济独立以及领土完整必须由国际条约来保证。

14. 为了大小国家都能相互保证政治独立和领土完整，必须成立一个具有特定盟约的普遍性的国际联盟。①

① 译文摘录自齐世荣主编：《世界通史资料选辑》·现代部分·第一分册，北京：商务印书馆，1998 年修订第二版，第 3－11 页。——译者

附录3　国联盟约摘录

（包括正文中涉及的所有条款）

第　一　条

286 ……凡一切国家、自治领或殖民地，为附件中所未列入者，如经大会三分之二之同意，得加入为国际联盟会员国，惟须确切保证有遵守国际义务之诚意，并须接受联盟所规定关于陆海空军实力及武装之规则……

第　四　条

……凡未列席于行政院之联盟会员国，如遇该院讨论一事件与之有特别关系时，得请其派一代表，以行政院委员名义列席……

第　五　条

除本盟约或本条约[①]另有明文规定者外，凡大会或行政院开
287 会时之决议，应得出席会议之联盟会员国全体之同意。

关于大会或行政院开会之程序问题，并包括指派审查特别事

① 指凡尔赛条约。——原编者注

件之委员会在内均由大会或行政院规定，并由出席会议之联盟会员国大多数之同意决定之……

第　八　条

联盟会员国承允为维护和平起见，必须将本国军备减至最少之限度，以足以保卫国家之安全及共同实行国际义务为限……

第　十　条

联盟会员国有尊重并保持所有联盟各会员国领土之完整及现有政治上之独立，以防御外来侵犯之义务，如遇此种侵犯或有任何威胁或危险之虞时，行政院应筹划履行此项义务之办法。

第　十　一　条

兹特声明：凡任何战争或战争之威胁，不论其直接或间接涉及联盟任何会员国，皆为有关联盟全体之事，联盟应采取措施，以保持各国间之和平；如遇联盟任何会员国之请求，秘书长应即召集行政院会议。

又声明：凡涉及国际关系上任何足以扰乱国际和平或危及国
际和平所依赖之良好谅解之情势，联盟任何会员国有权以友谊名 288
义提请大会或行政院注意。

第　十　二　条

联盟会员国约定倘联盟会员国间发生争端，势将决裂者，应将此事提交仲裁，或法律裁判，或交行政院审查，并约定无论如何非俟仲裁员之裁决或法律判决，或行政院报告三个月以后不得从事于战争……

第十四条

行政院应制定设立国际常设法院之计划，交联盟各会员国采用，凡各造提出属于国际性质之争端，该法庭有权审理并判决之，凡有争端及行政院或大会对于各问题有所咨询，该法院亦得发表意见。

第十五条

联盟会员国约定，如联盟会员国间发生足以决裂之争议而未照第十三条提交仲裁或司法解决者①，应将该案提交行政院。为此目的，各方中任何一方可将争议通知秘书长，秘书长应采取一切
289 措施，以便详细调查及研究……

行政院应尽力使此项争议得以解决。如其有效，须将关于该争议之事实与解释并此项解决之条文酌量公布。

倘争议不能如此解决，则行政院经全体或多数之表决，应缮发报告书，说明争议之事实及行政院所认为公允适当之建议……

如行政院报告书除争执之一方或一方以上之代表外，该院理事一致赞成，则联盟会员国约定彼此不得向遵从报告书建议之任何一方从事战争。

如行政院除争执之一方或一方以上之代表外，不能使该院理

① “或司法解决”一句是1921年10月5日修改议定书所增加的。——原编者注

事一致赞成其报告书，则联盟会员国保留权利施行认为维持正义或公道所必需之行动。

如争执各方任何一方对于争议自行声明并为行政院所承认，按诸国际法纯属该方国内管辖之事件，则行政院应据情报告，而不作解决该争议之建议。

对于本条所规定之任何案件，行政院得将争议移送大会。经争执之一方要求，大会亦应受理；惟此项请求应于争议送交行政院后十四日内提出……

第十六条

联盟会员国如有不顾本约第十二条、第十三条或第十五条所 290
规定而从事战争者，则据此事实，应视为对于联盟所有其他会员国有战争行为。其他各会员国应即与之断绝各种商业上或财政上之关系，禁止其人民与破坏盟约国人民之各种往来，并阻止其他任何不论其为联盟会员国或非会员国之人民与该国人民之财政上，商业上或个人之往来。

如遇此情形，行政院有向各有关政府建议之责任，俾使联盟会员国严格地派遣陆海空军，组织军队以维护联盟盟约……

第十七条

若一联盟会员国与一非联盟会员国之间，或两国均非联盟会员国，遇有争端，应邀请非联盟会员国之一国或数国，接受联盟会员国之义务，依照行政院认为正当之条件以解决争端……

第十九条

大会可随时请联盟会员国重新考虑已经不适用之条约以及长此以往将危及世界和平之国际形势。

第二十一条

291 国际条约,如仲裁条约及如门罗主义之类的区域谅解,均属为维持和平,本盟约内任何规定不得影响其效力。

第二十二条

凡殖民地及领土,于此次战争后不复属于从前统治该地之各国,而其居民尚不克于今世特别困难状况下实行自治,则应适用以下原则:即将此等人民之福利及发展视作文明之神圣任务,此项任务之履行,应载入本盟约。

实现此项原则之最妥善途径,莫如将此种人民之管理,委诸资源上、经验上或地理上足以承担此责任且乐于加以接受之各先进国,该国即以受任统治之资格,为联盟施行此项管理。

委任统治之性质,应以该地人民发展之程度,领土之地势,经济之状况,及其他类似情况而区别之。

以前属于土耳其帝国之各民族,其发展已达可以暂被承认为独立国之程度,惟仍须由受任统治国予以行政之指导及帮助,至其
292 能自立之时为止。该受任统治国之选择,应先由各该民族之志愿决定之。

其他民族,尤其是中非洲之民族,依其发展之程度,受任统治

国必须负地方行政之责，惟其条件应为：保其信教之自由，而以维持公共安全及善良风俗所能准许之限制为衡，禁止各项弊端，如奴隶之贩卖，军械之交易，酒类之贩卖，并阻止建筑要塞或设立海陆军根据地，除警察或国防所需外，不得以军事教育施诸土人，并保证联盟之其他会员国在交换上、商业上之机会均等。

此外土地，如非洲之西南部及南太平洋之数岛，或因居民稀少，或因幅员不广，或因距文明中心辽远，或因地理接近委任统治之领土，或因其他情形最易受治于受任统治国法律之下，作为其领土之一部分；但为土人利益计，受任统治国应遵行以上所载之保障。

受任统治国须将委任统治土地之情况，制成年度报告送交行政院。

倘受任统治国行使之管辖权、监督权或行政权，其程度未经联盟会员国间订约规定，则由行政院规定之。

设一常设委员会，专任接受及审查各受任统治国之年度报告，并就关于执行委托之各项问题，向行政院陈述意见。[①]

① 译文摘录自方连庆、杨淮生、王玖芳编：《现代国际关系史资料选辑》上册，北京：北京大学出版社，1987年，第55－60页；其中第十五条和第十九条摘录自《国际条约集（1917－1923）》，北京：世界知识出版社，1961年，第271－272页，第273页。——译者

大事年表

293 **1918 年**

1 月 18 日　威尔逊总统提出十四点计划

11 月 11 日　德国接受停战协定

1919 年

6 月 28 日　与德国签订凡尔赛条约

9 月 10 日　与奥地利签订圣日耳曼条约

11 月 27 日　与保加利亚签订纳伊条约

1920 年

1 月 10 日　交换凡尔赛条约批准书:国际联盟正式成立

6 月 4 日　与匈牙利签订特里亚农条约

1921 年

3 月 16 日　英国和苏俄签订贸易协定

3 月 18 日　波兰和苏俄签订里加条约

12 月 13 日　在华盛顿签订四国太平洋条约

1922 年

2 月 6 日　在华盛顿签订海军条约和对中国的九国公约

2 月 28 日　英国承认埃及独立

4 月 16 日　德国和苏俄签订拉巴洛条约

1923 年

1 月 11 日　　法国和比利时军队占领鲁尔

7 月 24 日　　与土耳其签订洛桑条约 294

1924 年

2 月 1 日　　英国承认苏联政府

8 月 30 日　　在伦敦签署道威斯协定

10 月 2 日　　国联大会通过日内瓦议定书

1925 年

3 月 10 日　　英国拒绝日内瓦议定书

12 月 1 日　　在伦敦签署洛迦诺公约

1926 年

9 月 10 日　　接纳德国进入国际联盟

1927 年

1 月 1 日　　在汉口成立中国国民政府

12 月 18 日　　将托洛茨基开除出苏联共产党

1928 年

8 月 27 日　　签署巴黎公约(白里安—凯洛格公约)

1929 年

8 月 31 日　　海牙会议批准杨格计划

1930 年

4 月 22 日　　在伦敦签订海军条约

6 月 30 日　　协约国军队撤出莱茵兰

1931 年

3 月 21 日　　德国和奥地利签订关税联盟

6 月 20 日　胡佛总统宣布延债令

9 月 19 日　日本开始在满洲的军事行动

9 月 21 日　英国放弃金本位

295 **1932 年**

2 月 2 日　裁军会议开幕

7 月 9 日　在洛桑签订赔款协定

8 月 20 日　英国和自治领在渥太华签订贸易协定

10 月 3 日　英国对伊拉克委任统治结束

1933 年

1 月 30 日　希特勒成为德国总理

2 月 24 日　国联大会关于满洲的决议；日本代表团退出国联

6 月 12 日　世界经济会议开幕

10 月 14 日　德国宣布退出裁军会议和国联

1934 年

1 月 26 日　德国—波兰协定签订

9 月 18 日　苏联被批准加入国联

10 月 9 日　南斯拉夫国王亚历山大在马赛被暗杀

1935 年

1 月 7 日　西格勒·墨索里尼与 M. 赖伐尔在罗马签订法—意协定

3 月 16 日　德国推翻凡尔赛条约的军事条款

5 月 2 日　法—苏条约签字

10 月 2 日　意大利军队侵入阿比西尼亚

11 月 18 日　对意大利实行经济制裁

1936 年

3 月 7 日　德国重新占领非军事区

5 月 9 日　意大利兼并阿比西尼亚

7 月 4 日　撤销对意大利的制裁

7 月 18 日　西班牙内战爆发

1937 年

7 月 8 日　日本开始对中国不宣而战

1938 年 296

3 月 12 日　德国吞并奥地利

9 月 29 日　签订关于捷克斯洛伐克的慕尼黑协定

1939 年

3 月 15 日　德国占领波西米亚和摩拉维亚

4 月 1 日　西班牙内战结束

4 月 7 日　意大利占领阿比西尼亚

5 月 26 日　英国实行征兵制

8 月 23 日　签订德—苏条约

9 月 1 日　德国侵入波兰

9 月 3 日　英国和法国对德国宣战

索　　引

（条目后所注页码为原书页码，即本书边码）

① 原书该页没有这个词。——译者

① 应为119,原书有误。——译者

① 应为254,原书有误。——译者

图书在版编目(CIP)数据

两次世界大战之间的国际关系:1919－1939/(英)E. H. 卡尔著;徐蓝译. —北京:商务印书馆,2017
(汉译世界学术名著丛书:120年纪念版:珍藏本)
ISBN 978－7－100－14569－5

Ⅰ. ①两… Ⅱ. ①E… ②徐… Ⅲ. ①国际关系史—研究—1919－1939 Ⅳ. ①D819

中国版本图书馆CIP数据核字(2017)第153298号

汉译世界学术名著丛书
(120年纪念版·珍藏本)
两次世界大战之间的国际关系
1919—1939
〔英〕E. H. 卡尔 著
徐 蓝 译

商 务 印 书 馆 出 版
(北京王府井大街36号 邮政编码100710)
商 务 印 书 馆 发 行
北京通州皇家印刷厂印刷
ISBN 978－7－100－14569－5

2017年12月第1版 开本710×1000 1/16
2017年12月北京第1次印刷 印张16
定价:80.00元